KEXUEKE ZHONG DE "TANJIU" JIAOXUE

科学课中的"探究"教学

刘业俭 著

吉林人民出版社

图书在版编目（ＣＩＰ）数据

科学课中的"探究"教学 / 刘业俭著. －－ 长春：吉林人民出版社, 2021.11

ISBN 978－7－206－18829－9

Ⅰ.①科… Ⅱ.①刘… Ⅲ.①科学知识－教学研究－小学 Ⅳ.①G623.62

中国版本图书馆CIP数据核字(2021)第237851号

科学课中的"探究"教学
KEXUEKE ZHONG DE "TANJIU" JIAOXUE

著　　者：刘业俭

责任编辑：卢俊宁　　　　　　　　封面设计：百悦兰堂

吉林人民出版社出版发行（长春市人民大街7548号　邮政编码：130022）

印　　刷：三河市三佳印刷装订有限公司

开　　本：880mm×1230mm　　　1/32

印　　张：5.75　　　　　　　　字　数：120千字

标准书号：ISBN 978－7－206－18829－9

版　　次：2021年11月第1版　　　印　次：2021年11月第1次印刷

定　　价：58.00元

自　序

　　究竟什么是科学，我从 1990 年开始从事小学科学教研工作至今，对这个概念依然有"蓦然回首，那人却在灯火阑珊处"的感觉。是探究？是思维？是经历？是态度？是实践？是实验？……似乎都是，又都不是。都是，是因为这些"要义"的确是科学或者科学课的一部分或者很小一部分特质。都不是，也同样可以如此归因。但通过三十余年的研究，我以为"探究"这两个字，应该是科学或者科学教育的灵魂。其他任何特质，都是"探究"发出的光，或者说是探究的路径。我一直对给科学课划分课型不感兴趣，比如什么"实验课""思维课""建模课"等等。为什么呢？因为它们是天然的统一体，是相互依存而不可分割的交融关系。如果非要将科学课划分成"模式化"的各种课型，只会使科学课堂越来越僵化，越来越"死"，使科学教学的"触须"更加难以触及科学的本质。再说，无论怎么划分，它们的核心都是且只能是"探究"。没有探究，就没有科学，也没有科学课。那么什么是探究呢？我想，这比回答什么是科学要简单得多。我不敢轻易下结论，但我认为探究的最显著特征应该是"一种有深度思维参与的动手实践或实验活动"。如果机械地专注于"问题——假设——实验——结论"的基本程序，教授出的科学课一定好不到哪儿去。探究的方式是多元的，肤浅地走程序不如抓住某一个环节深耕下去。我经常对老师们说，没有至少三五年的积淀，科学课是教不好的。科学课怎么教，"术"的东西很多，但要真正教好，教出科学味，必须要通科学的"道"。任何认知都有一个"看山是山看水是水；看山不是山看水不是水；看山还是山看水还是水"的过程，"看山还是山看水还是水"就是道。

　　这里其实就出现了两个问题，一个是"什么是科学"，一个是"科学课怎么教授"，这两个问题是有内在逻辑联系的。对"什么是科学"的理解，将直接影响你的科学课怎么教。你的科学课怎么教授，也直接反映出你对科学的理解。所以，两个问题其实是一对因果关系。作为一个科学课老师，要在教学实践中不断地体验、感悟、思考"什么是科学"，只有随着理解的深入，科学课才可能越教越好。

著者

2021 年 10 月

目 录

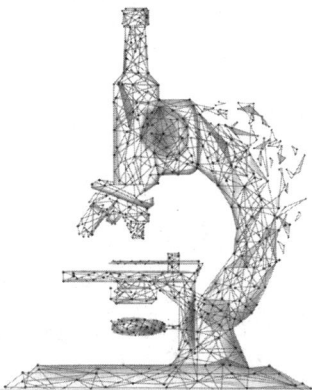

第一章　探究是科学课的灵魂

一、探究：科学课的灵魂

探究，是科学课最显著的特点，是科学课的本质特征。离开了探究，科学课就不能称之为科学课。我们近期举办了全县小学科学赛课（教科版教材），透过这些"高层次"的课，我对"探究"的担忧似乎比前几届赛课有增无减。目前必须从以下几个方面及时强化科学课的"探究"水平。

（一）夯实方案设计

在让学生动手探究之前，老师必须和学生一起将实验方案设计好，这一步不但少不得，而且必须夯实。只有如此，学生的探究才可能有序、有效。其方法一般应该是学生分组设计好方案后，再以小组为单位向全班同学陈述本组设计的实验方案。需特别做到的是，某小组在陈述实验方案时，其他小组必须认真倾听，及时建议和修正别人的方案。某小组陈述完毕后，老师再请其他同学进行评价、建议和修正。一般来说，只要教师注重引导，实验方案就会在学生相互建议、修正和"批驳"中得到完善。也有极少数老师将这一步做得十分透彻，从而保证了学生探究的高质量。如果不将方案设计这一步搞扎实，那么一般情况下学生的探究就会杂乱无章，看起来热热闹闹，实际近乎胡乱摆弄。当然，如果老师是专门训练学生在动手中寻找方法的能力则另当别论。其实，动手之前的"设计"过程，同样是探究。遗憾的是，我们大部分课却忽视这个环节，看了总觉得不像是"正宗"的科学课，不是有板有眼的科学课。《溶解的快慢》中，在学生做搅拌（"增加温度""碾碎"同样）可以加快溶解的对比实验之前，就必须要引导学生周密设计这个对比实验的做法。即方法是怎样的，应该注意些什么问题，特别是必须控制哪些相同的实验条件，更需要引导、启发学生在相互接纳和"排斥"中自己找出来。但是，我们的老师却急躁地喊学生"开始实验"，导致学生"打无准备之仗"。有的小组两杯水的多少就不一样，又怎么能得出"搅拌可以加快溶解"的科学结论？即或得出了这个结论，这个结论也只是表面上的正确。《比较水的多少》中在对两瓶水的多少进行比较之前，也必须将方法设计周详，包括怎样倒水、怎样观察等。《食物在水中是怎样溶解的》《电磁铁》等等课文中的实验，对实验方案的设计都丝毫不能马虎，必须加大"投入"。

（二）研究探究重点

对于一篇课文，教师在走上讲台之前，究竟应该把学生探究的重点放在什么地方，必须进行深入研究。实践证明，探究重点的确定应从两个方面考虑，一是教材本身，二是学生实际。教材的重点是理论上的重点，必须和学生的实际结合起来分析，以能够让学生得到最大的发展为落脚点。比如一位老师在试讲《磁铁的磁性》时，就把磁铁有磁性（包括磁铁两端的磁力最强）作为了探究重点。单纯从教材的角度分析，该老师对重点的确立是没有问题的。但结合学生的实际，按照让学生得到最大发展的原则，这个探究重点就有问题。因为大部分学生本身就有"磁铁有磁性"的认知基础，那么再把这个作为探究的重点就不利于学生的发展了，事实证明学生也确实没有多大的探究兴趣了。那么究竟应当把什么确定为探究重点呢？课后我和老师一起研究，决定把重点放在"证明磁铁两端磁力最强"的实验方法设计上，认为这是最有探究价值的地方，更是最能激起学生探究欲望的地方，是最有利于学生经历"有意义"的探究过程的地方，本节课的精彩和探究高潮可能也就在这个地方。不出所料，赛课时，学生的探究兴趣高涨，设计出了很多连老师都无法"预设"的探究方法，而且学生之间相互辩论探究，使实验方法不断得到完善，这才真正具有"直抵真理"的味道了。

（三）优化教材"探究"

有的课文本身的探究性并不强，那么教师就要对教材进行深入挖掘，不找到能够在探究方面出彩的点决不罢休，对教材的探究进行优化。比如四年级上册《食物在体内的旅行》一课，教材的探究性并不突出，如果"照本宣科"，那么科学课的探究特点就得不到彰显。怎么办，评课时我建议将胃消化食物的模拟实验从课文中"揪"出来，放大，浓墨重彩。让学生充分地自行设计实验方案，然后动手探究。这样，课文的探究性就增强了，学生学起来就有兴趣了。又比如，教材中低估学生探究能力的地方我们就要予以纠偏。《磁铁的两极》中关于"研究磁铁指南北的性质"的活动，教材是依照学生还不知道"磁铁能指南北"这一性质的思路编写的，即"通过实验说说有什么发现"，但实际上不少学生都知道磁铁的这一性质，如果再让他们去经历这个发现的过程就没有什么意义了。这就有必要换一个角度优化处理这段教学，以便增加其探究性和学生的探究兴趣：怎样用实验证明磁铁能指南北？你可以用哪些方法证明磁铁能指南北？要具备哪些条件磁铁才能指南北？还有，有的课文甚至需要弥补一些探究环节来增加其探究性。《植物怎样生存》中当教材提出"植物的养料是什么呢"的问题之后，紧接着就是阅读海尔盟实验。为了让学生思维的火花在探究中得到更为绚丽的迸发，我们可以在"问题"和"海尔盟实验"之间弥补一个"推想"的环节，也就是先让学生思考、猜测、讨论植物的养料是从哪儿来的。学生肯定都是有自己的思考的，猜想是有"结果"的。即使没有结果，我们也有必要这样试着去做。这样，课堂的气氛就会更好，学生的学习就会更加具有主动性，科学课就更像科学课了。所以只要我们去钻研，对教材探究性的优化处理也是大有文章的。

（四）重视探究组织

很多老师的教学设计不错，败就败在课堂组织欠佳，驾驭不好课堂，"制服"不好学生，学生搞学生的，老师搞老师的，互不相干，相互游离，对学生探究缺乏科学的组织，这自然不可能有好的探究效果。有的老师声嘶力竭，依然无济于事。究其原因，多数老师是因为缺乏组织的方法和技巧造成的。比如那些很吸引眼球的实验器材就应该事先放在桌子里面隐蔽起来，或者动手探究之前再分发。比如一定要将实验注意事项讲完了或者引导学生学完了（很多都是将课件打在屏幕上的）再"命令"学生动手，不少老师边讲注意事项学生边动手或者大声地喊学生看屏幕上的"温馨提示"，学生自然听而不闻。比如在汇报或小结实验之前，一定要指导学生将器材整理起来，否则有的学生甚至很多学生都还会继续动手"探究"，汇报或小结也自然不可能有好的效果。

二、农村科学课改：进展、问题与对策

摘要：农村小学科学课堂教学现状怎样，我们不但应该看到改革带来的成效，更应该找出课程改革过程中存在的问题，同时阐明解决这些问题的具体操作办法，只有这样，才可能推进科学课程改革的持续发展。

关键词：农村　科学课堂　现状

课程改革的核心在课堂，落脚点也在课堂。新课改的理念老师们都清楚，也都已经能够接受，所以新课改的成败也在课堂。基于以上考虑，笔者最近深入课堂对我县的小学科学教学现状进行了一次全面而深入的调查分析，集中听课二十节，这些课涉及乡镇中心校、完校、村校各个层面。通过调研，看到了科学课程改革在某些方面的质的进展，找出了科学课堂存在的主要问题，达到了调研的预期目的。

（一）质的进展

通过改革实践，科学课堂在某些方面已经有了质的进展。**首先是树立了正确的科学教学理念**。理念决定行为，所以这个进展是最重要的阶段。老师们基本上都能有意识地让学生充分经历探究的过程，设法将学生置于主体地位，都能有意识地让学生自主构建科学概念，在努力实现"三维"目标。二十节课中，理念有明显问题、包办代替较为严重的只有一节，仅占 10%。

其次是做到了以探究为核心。老师们都能抓住"探究"不放，从内心认可了科学课必须以探究为核心，把探究既作为目标也作为是手段，都能把大段的时间"让"给学生去真枪实弹地干。即或是老师的讲，也都能做到竭力调动学生的思维，让"讲"也成为调动学生探究的手段。那种只要结果不要过程、只要知识不要情感、三五分钟就完成课堂教学任务然后就没事干的现象销声匿迹了。**第三是对"有效教学"的追求。**这主要表现在老师们都能有意识地"追问"学生的收获。几乎每节课结束之前，都要对学生进行这样的追问：你们有什么收获，有什么感想，有什么体验，有什么遗憾，你们觉得自己（或他人）在探究中的表现怎么样，你对老师有什么评价等等。老师们基本上已经把这种"追问"当作了课堂教学的一个环节。这是一种好的现象，不仅是对学生发展的关注，而且对学生的反思品质也是一种有效的熏陶。同时，也是教师对自己教学行为的一种反思。一节课下来，教师必须想一想，自己究竟让学生收获了什么，有多少收获，不论是科学品质方面的，还是科学态度、科学习惯、科学能力、科学知识方面的等等。探究不一定要有结论，但一定要有收获。**第四是实践论思想的有机渗透。**以往的科学课在学生猜想之后，大都是老师说"那我们来做个实验吧"或者"下面看老师做个实验"。现在不是了，现在都是学生猜想之后，老师这样问学生："要知道我们的猜想正不正确，应该怎么办？"学生在稍加思考后都能回答"做实验"。这就是实践论思想的有效渗透，同时也把探究的权利比较"透彻"地交给了学生。这看起来是课堂教学中的一件小事，但实际上却折射出教师的一种科学教学理念。老师在平时的教学中有意识地"训练"学生的实践思想、实证意识、实践品质，无疑对把学生培养成一个"科学"的人是十分重要的。

（二）问题与对策

1. 怎样有效地使用教材？

1）**教学重点的确立问题**。教学重点的确定应从两个方面考量，一是教材本身，二是学生实际。教材的重点是理论上的重点，必须和学生的实际结合起来分析，以能够让学生得到最大的发展为落脚点。

2）**对"用教材教"的理解问题**。一是对教材的"忠贞不二"，照本宣科，是在教教材而不是在用教材教。这里我想重点说说第二个问题，即"用教材教而不是教教材"的另一个新的误区。有的老师过激地、片面地理解"用教材教而不是教教材"，将教材中很有价值、对学生来说很有意义的内容也用"而不是教教材"这把刀砍掉了。老师的表面理由是"新课程可以变动教材",其真实的原因是这些颇具探究意义的内容往往"不好上",对教师本身的敬业态度和科学素养是一种挑战。但是只要老师们多花些功夫钻研教材,把教材"吃透",这些"不好上"的内容是完全可以深入浅出的。新课程认为教师也是课程的开发者,确实可以变动教材,但这种变动毫无疑问应该是对教材的一种优化,而不是一种退化。是根据学生、环境、条件等的实际对教材的提升处理,而绝不是随意乱改,如果改了还不如不改,就是对教材的一种糟蹋。《比较水的多少》这篇课文,"量筒的发明"应该是学生的一个非常有意义的、非常充实而漫长的探究过程,是学生"跳一跳够得着"的过程,但老师却将这个过程"无情"地砍去了,由"怎样比较水的多少"直接过渡到"要准确地测量出水的多少就要用到一种仪器,这种仪器就是量筒"。这不仅让学生失去了一次极有意义的探究经历,而且整个课堂教学效益就好比是捡了芝麻丢了西瓜。

2.怎样理解"探究"的内涵?

(1)探究的实质与形式问题。我们应该有这样的探究观点,探究的充分程度并不是时间的长短决定的,也不是探究问题的多少决定的,而是探究的深度和"精彩"度决定的。有不少的课探究的时间很长,但学生的探究并不充分;也有的课探究的问题很多,但探究更不充分。在相同的时间内探究的问题越多探究就越不充分,这是一种反比关系。值得高兴的是,有一位老师对《比较水的多少》的处理就非常有利于学生的充分探究。

她把这篇课文分成两个课时，第一课时就只上"学生自己设计实验比较水的多少"，她让学生充分地猜想，充分地设计实验方法，充分地交流问题，充分地质疑其他小组的方法，充分地动手探究。整个课堂十分精彩，探究十分深入，学生的思维极为活跃，收获很多。当老师问学生"这节课有什么收获"时，学生说"猜想不一定正确，还必须用实验来检验""听别人发言时，要善于发现别人的问题""实验做错了不要紧，怕的是再犯同样的错误"……我想，如果我们的探究不坚决地进入实质，不想尽一切办法消灭形式，那么我们的学生是不可能有这些"无价"之收获的。

（2）**探究中的真实体验问题**。《身体的结构》中，在引导学生填写"气泡图"，即填出"跳绳""跑步"等动作中参加运动的身体部位时，老师采取的是让学生"仔细回忆""再想想"的办法。但为什么不让学生现场做一个动作体验体验呢？即使跳绳、跑步在教室里不好做，换一个其他的动作也可以，再说如果老师非"钟情"于"跳绳""跑步"的话，那就干脆让学生去操场再亲自体验一下又何妨呢？毕竟，现场体验比追忆回想的效果好得多。经历真实的探究历程是科学课的生命线，实践（而不是回忆）是检验真理的唯一标准。尽管在这之前学生已有跳绳、跑步的生活经验，但那毕竟不是探究。

（3）**手段与目的的关系问题**。再先进的手段它也只是手段，不可能成为目的。我们永远不要把手段当成目的去追求，否则，我们的课堂就会变味，就会降低目标的达成度。比如电脑多媒体手段，有少数教师不是为了提高教学效益，而是"为了使用多媒体"，结果现代化的手段不仅成了形式，而且干扰了学生的探究。《材料在水中的沉浮》一课中，学生在做材料沉浮的实验之前，老师说"等我的音乐声开始你们才能开始"。我在想，为什么一定要等老师的音乐声开始学生才能开始呢？在学生动手探究的过程之中老师悄悄地把音乐开起不是更好吗？更重要的是老师在这个地方安排的音乐"手段"究竟是对学生的探究有用，还是对听课的教师有用？课后我问这个老师：你究竟是想让学生探究呢，还是想让学生听音乐？我这么一问，这个老师似乎明白了什么。

（4）探究的效率问题。在学生动手之前，一位老师这样问学生："你们组需要哪些材料"，学生回答后老师说"那我给你们吧"，接着又问第二个小组"你们组需要哪些材料"，学生回答后老师说"那我给你们吧"……就这样一组组地问，一组组地发。显然，这样就白白地浪费掉了学生的许多学习时间。其实完全可以让每个小组先自己讨论，在报告单上写好所需的材料，然后每个小组派一名学生上前各取所需就行了，这样不仅节省时间，而且更多地培养了学生的科学探究能力。效率从何而来，从教师对教学过程、教学方法的严谨而科学的设计中来。

3. 怎样培养学生的探究素养？

（1）培养学生的证据意识问题。小学科学的主要任务或者说主要时间是让学生观察、搜集信息、处理信息，让他们在"获取事实"中摸爬滚打，而主要不是在解释和阐述什么。解释和阐述必须是在学生获取了充分的事实基础之上进行的，否则，学生的解释和阐述就免不了带有主观的色彩，而主观是不利于对真理的追求的。有不少的课在学生还没能理解足够的客观事实的时候，就急着问学生"这是为什么""这是什么原因"等，学生的回答当然就"站不稳脚跟"。要有效地培养学生的证据意识，教师自己必须首先要有"用事实说话"的科学素养，然后才可能将"事实是科学之基"的理念渗透在科学教学的全程。教师要多用"证据呢"？"你的根据是什么"？"你凭什么这么说"？等语言对学生进行追问。不要动不动就问"为什么"。即使是科学探究的猜测阶段，也必须要熏陶学生合理猜测的习惯，猜而有据的习惯。尽管这个时候的猜测不免带有主观成分，但却是建立在学生已有认知基础之上的。比如一位老师请学生猜测条形磁铁的什么地方磁性最强，一学生回答"我想应该是两端磁力最强"，老师马上纠正道"是你想吗？你有什么根据？"这对学生就是非常成功的证据意识的培养。

（2）**实验方案的设计问题。**小学生在动手探究之前，如果没有充分而完善的方案设计，那么一般情况下他们的探究就会近似于胡乱摆弄，甚至不知道从何处下手。当然，如果老师是专门训练学生在动手中寻找方法的能力则另当别论。其实，动手之前的"设计"过程，同样是探究。遗憾的是，我们大部分课却忽视这个环节，看了总觉得不像是"正宗"的科学课，不是有板有眼的科学课。《溶解的快慢》中，在学生做搅拌（"增加温度""碾碎"同样）可以加快溶解的对比实验之前，就必须要引导学生设计这个对比实验的做法。即方法是怎样的，应该注意些什么问题，特别是必须控制哪些相同的实验条件，更需要引导、启发学生"找"出来。但是，我们的老师却急躁地喊学生"开始实验"，导致学生的实验杂乱、秩序混乱，方法不科学。有的小组两杯水的多少就不一样，又怎么能得出"搅拌可以加快溶解"的科学结论？即或得出了这个结论，这个结论也只是表面上的正确。

（3）对学生倾听习惯的培养问题。乐于倾听，善于倾听，是一个人非常可贵的品质，尤其是在科学探究的过程中，这种品质显得尤为重要。可惜，我们的大部分课还比较忽视这个问题，不能在学生发言之前做这样一些有效的强调：请同学们注意倾听别人的发言，看你能从别人的发言中发现什么问题，产生什么疑问，你有什么建议，有什么不同的意见，等等。因此绝大部分课只要有学生发言时，其他学生都基本上无所事事，有的在继续玩实验，有的甚至在嬉戏打闹，但有一位老师的倾听环节做得非常到位，结果学生的质疑状态、质疑能力发挥得可以说是淋漓尽致，入木三分。这说明，"倾听"是多么的重要，它确实是一个探究者不可或缺的品质。

（4）"合作"的内涵问题。这也存在两个问题。一是老师不知道怎么"训练"学生进行合作，方法上存在问题。都只是在学生动手探究之前交代一句"下面请同学们合作探究"，或者"请同学们分好工，进行合作探究"，至于怎么探究，怎么分工，怎么合作，却缺乏必要的指导，缺乏有意识的训练。二是合作目的茫然。老师们的理解是：合作学习是新课程的要求，有利于解决难度较大的问题，仅限于此。这种理解无疑并不错，但是缺乏高度和境界。合作学习的根本目的是培养学生的团队意识、合作品质，壮大民族精神。这种理念下的合作才是最有价值、最有前途、最大气的合作。

尽管我们的科学课堂离"成熟"还有一段艰难的路要走，但我们坚信，既然质的进展越来越多，那么问题肯定就会越来越少，也就是说科学课改的成功是注定了的。

三、对科学探究的几点思考

（一）创新并非阳春白雪

从探究过程上看，提问、猜想、设计实验方案、实验探究等各个环节的本身都是一种创新。从探究的方法上看，用多种角度观察、思考问题，用多种办法去解决问题，同一个问题求得多种答案等都是创新。创新渗透在自然教学的始终。

例一：科学探究的第一个环节就是提出问题，其实提出问题就是一种创新，所以科学探究实际上就是从创新开始的（另外一个目的就是让学生知道科学是从问题开始的。要让学生充分地提问并不等于要解决学生所有的提问）。当老师用多媒体或挂图等恰当的方式出示 11 册 16 课汽车方向盘图，同时提供汽车司机稍用力转动方向盘就能使几吨重的汽车转弯的事实。请学生就此事实情境提出自己的问题，于是学生的思维便活跃起来：司机的力为什么那么大；方向盘究竟有什么作用；我可不可以使车子转弯（用方向盘）；方向盘大一些会不会用的力小一些……这些问题的后面都是思维的创新。

例二：科学探究的第二个环节就是猜想，也就是对问题答案的预测。实际上这个环节同样是一种创新，更是一种创新。学习了11册第二课《植物与环境》一课后，一位老师为了检验学生对"植物都必须生活在一定的环境里"是否真的理解，便用电教手段设计了这样一个情景：一棵耷拉着枝叶的树。让学生在没有任何暗示因素的情况下（如果说有暗示，那就是"植物必须生活在一定的环境里"）猜想这棵树濒临死亡的可能的原因。可能是浇水太多；可能是这棵树刚移栽到这个地方；可能是这棵树不适合这里的气温；可能是这棵树不适合这里的土壤……这就体现了猜想的创新。

设计实验方案更能体现创新的本质了。比如自己设计实验方案证明杠杆有省力的作用，自己设计实验证明平面镜里的像都与物体左右相反（一个"都"字，说明仅仅一个实验是不能得出这个结论的）等等。

（二）教法是由理念分娩出来的

理念可以"分娩"出教学方法，犹如树干可以繁育出茂盛的枝叶一样。教师要学人家的理念，不能光学人家的方法。方法再多也只是量的堆积，难以产生质的变化。有了好的理念就不愁没有方法，就会有质的变化。有的老师教书数年也难以提高课的档次，原因是什么？有的老师教书几年课的品位却很高，这又是为什么？

例一：老师是否有"科学不是偶然的结果"的学科理念，那么在教学 12 册第 4 课"凸透镜形成的像都是倒立的"这一规律时就会有截然不同的教学方法。如果没有这个理念，那么老师或学生就可能只要一看到"倒立的像"就得出这个结论；相反，如果老师有这个理念，那么老师就会引导学生反复做实验，让学生反复看到并得出"倒立的像"，两次，三次，四次……虽然一次实验和多次实验得出的结果从文字的表述上看是一样的，但实质内涵是不一样的，学生对概念的理解也不是一样的，他们肯定会更加相信后者的结论。

例二：同样这一节课，当教学凸透镜成像的规律（当凸透镜距纸屏近距蜡烛远时，形成的像是缩小的像；当凸透镜距纸屏远距蜡烛近时，形成的像是放大的像）的时候，如果老师有"科学课要以探究为核心"的理念，那么老师就可能只给学生提供有结构的材料，然后抛出一个"请大家通过实验研究凸透镜成像的规律"的任务，然后由学生自己自由研究即可，或者根据学生的探究能力也可以把任务布置得具有不同程度的启发性和指向性，如"请大家通过实验研究凸透镜成的像在什么情况下是缩小的，在什么情况下是放大的"等等，这样就把研究的难度降低了，但仍然是学生自己研究，仍是以探究为核心的。相反，如果老师没有"科学要以探究为核心"的理念，就可能把这个实验完全变成验证性实验甚至是机械操作了，就缺乏探究了。我看到有的老师在学生动手探究之前，就把"当凸透镜距纸屏——据蜡烛——时，形成的是——的像；当凸透镜距纸屏——据蜡烛——时，形成的是——的像"板书在黑板上或者写在实验报告单上，这样实际上学生就可以照着这个步骤做实验了，就失去了探究性，成了做填空题。理念就这样支配了教法，"分娩"出了教法。

（三）实事求是是科学探究的生命

汇报环节一定要说真话，教师要营造说真话的环境。学生的错误认识要用恰当的方式处理，这也是一种实事求是。正确理解对学生的尊重，既要尊重又要实事求是，尊重不等于不能批评，不等于不指出是与非。要让实事求是成为学生的一种科学的品质，一种人生的态度。学生的这种品质与态度是可以考查的。比如我们可以设计这样一道开放性的题："你认为实事求是在科学研究中重不重要，为什么？"或者"你认为科学研究中可以说假话吗，为什么？"等等。

（四）束缚之线使风筝飞上蓝天

科学必须以学生自主探究为核心。但过于自主就等于放任自流，对学生的自主要有一定的束缚（或者说是引导），因为小学生毕竟处于人生的"幼稚"阶段，如他们有完全的自主意识那么教育和教师就不存在了。所以对学生的科学学习必须要引导。事实证明完全放手是不行的。正是束缚之线使风筝飞上蓝天，正是牵引之绳使耕牛步入正轨。比如 11 册 18 页设计水土流失的对比实验中哪些条件必须相同，学生一时是难以探究出所有的相同条件的，那么老师就要以不断追问的形式进行启发，引导，组织学生讨论等等，直到将所有的控制条件找出来。

（五）讲授并不等于灌输

讲授和灌输并不是一回事，当学生主动接受的时候，讲授就是一种好方法。当学生被动接受的时候，讲授就成了灌输。所以关键是看学生是主动接受还是被动接受。自然课在很多时候是需要以学生主动接受为前提的讲授的，12 册教材在这点上更为明显。比如 38 页的那些图，如果老师不启发性地讲解，学生是很难弄懂图意的。不要把教材上有而学生生活中没有的事物放弃不教。

所有方法只有传统与现代之分并没有好坏之别。就看你用在什么地方，用在什么时候。只要用得合适，什么方法都是好方法，用得不合适，什么方法都是坏方法。生物必须生活在一定的环境中，所以不同的环境中生活着不同的生物。教法必须生活在一定的环境中，所以不同的环境需要不同的教法。

（六）要经得起课堂的沉默

沉默的课堂越来越少，课堂中沉默的时间越来越少，探究中沉默的因素越来越少,沉默是海底的咆哮,是地球内部的震动。

老师一定要把学生引向思维的殿堂，让探究中充满思维的"血液"。探究的充分程度是以思维的参与度为标准的，不是以时间长短为标准的。学生也可能做做停停，那"停"也可能就是思维的燃烧。教师要经得起课堂的沉默。只有气氛活跃而没有凝神思考和思维交锋的课堂是不健康的课堂。比如上山的公路为什么修成盘旋状，促进动物发展变化的原因是什么等等问题，需不需要学生的凝神思考？对问题答案的预测，需不需要学生的凝神思考？对探究结果的归纳提炼需不需要凝神思考？我们需要和谐地探究气氛，我们也需要燃烧着思维的沉默。

（七）教学手段没有优劣之分

手段只有适合与否，没有优劣之分；只有传统与现代之别，没有先进落后之区。只要有先进的理念，传统手段也可以上出精彩的课；没有先进的理念，现代的手段也只能上出传统的课。传统的手段可以为先进的理念服务，现代的手段也可以为落后的理念服务。比如研究 11 册 48 页动滑轮是否省力，有位老师用先进的多媒体手段一步步演示，最后得出了动滑轮可以省力的结论。有位农村老师不具备多媒体的条件，但他有让学生自主探究的理念，于是他就给学生提供了有结构的探究材料，学生在完全自主、在真刀实枪的经历中得出了动滑轮省力的结论。前者就是先进的手段为落后的理念服了务，后者就是传统的手段为先进的理念服了务。

（八）合作过于等于思维禁锢

比如 12 册《动物的进化》，在引导学生学习了 6 亿年前、5 亿年前、4 亿年前……6 千万年前代表性的动物以及自然环境的变化等情况后，要学生归纳动物发展的总趋势以及促进动物发展变化的原因，就要由学生先独立思考，分别汇报，视其情况再合作讨论。不能首先就请学生讨论，剥夺学生独立思考的权利，将学生的思维推进牢狱。合作必须把握两个原则，一是要放在"独立"之后；二是问题要有合作的价值（难度）。

四、为"逝去"的自然课正名

在参加省级科学课程标准和教材培训的时候，一位著名的自然特级教师说：我们一定要由自然教师变为科学教师，要有脱胎换骨的变化。他说他听了两位老师教的教科版的《我看到了什么》，结果这两位老师都把这节课教成了自然课，并讲了这节科学课应该怎么教。其实他讲的两位老师的教法和他讲的应该怎么教纯粹是教师对教材编者意图的理解不同而产生的不同教法，根本不应该说那样教的就是自然课这样教的就是科学课，或者说自然课就应该是那么教科学课就应该是这么教。难道凡是教得好的就是科学课，教得不如意的就是自然课？难道我们这么多年来的自然课就全部是失败的？这不合事实吧。况且，如果你这篇课文大多数老师都不能正确理解编者意图的话，那还是老师的问题吗？接着这位著名的特级教师讲了科学课与自然课的不同。听了这位特级教师的报告，我心里有些愤愤不平了。难道我们真的需要从自然教师彻底变为科学教师，我们真的需要脱胎换骨的蜕变？科学课与自然课真的就有那么大的不同，他们之间真的就没有联系了？科学课真的就一下子好上了天，自然课真的就一下子变得那么糟？但是我想说的事实是，我们县近些年来的自然课（人教版九义自然教材）一直在尽力做到以探究为核心，我们的自然教师一直在最大限度地让学生亲身经历科学探究的历程，我们的课是以学生为主体的，我们的课绝对不是以知识为中心的，我们的课是开放的……我们的这些观念和方法从哪里来，当然只有从自然教学大纲和自然教材中来。我们一个穷乡僻壤之县的自然教师就这样理解自然大纲和教材并付诸实践，难道是我们的理解出了问题，我们这些年来的理解一直有误？我不知道现在的书籍、报纸、杂志是怎么回事，也跟着起哄，科学课如何如何的新，自然课如何如何的旧，科学课和自然课有好多好多的不同等等。好像只有把自然课说坏了科学课才能好起来，把自然课说得越坏科学课就越好。为了把科学课说成红花，我看也不一定非要把自然课说成绿叶不可，这不是一种科学的态度。搞科学的人缺乏科学态度，那是不可取的。其实科学课更应该是自然课之子，要想与自然课断绝"父子"关系，形式上可以，可血液不答应，因为遗传是绝对的。当然变易也是绝对的，但究竟怎么变，是变得有所发展还是出乎意料，现在下结论还为时尚早。所以现在恐怕还不能说科学课就一定比自然课好，科学教材就一定比自然教材优秀。

（一）我们的自然课一直注重学生探究

从九三年开始使用人教版"九义"自然教材以来，我们的自然课一直提倡并实践着让学生自行探究，因为大纲上说得非常清楚，自然课的性质任务就是对学生进行科学启蒙教育。然而仅仅梳理出几个知识点让学生记住就完事的做法是绝对启不了科学之蒙的。要启学生科学之蒙，就必须让学生真刀实枪地干，除此之外别无他法。我们之所以能始终紧紧抓住"科学启蒙教育"不放，是自然大纲把正了我们前进的方向。是的，确实是自然教学大纲叫我们不得不以学生探究为核心。在"教学中应注意的几个问题"中，大纲一共讲了七个应该注意的问题，然而在这七个问题中仅意在突出学生探究的就占了四个，并且文字上占了80%。请看大纲是如何用这四个问题强调科学探究的：第一个问题是"注意全面体现本学科的目的要求"。大纲是这样说的："自然教学不仅是知识教学，而且还包含培养学生对科学技术的兴趣爱好，发展学科学用科学的能力，养成良好的科学态度，以及进行思想品德教育等方面的要求；教师要在教学过程中有计划地结合教学内容，通过启发、熏陶和实际锻炼，在学生掌握知识和发展能力的同时，潜移默化地全面实现这些目的要求。"说得很清楚，自然教学绝不仅仅是知识教学，而且方法是启发、熏陶和实际锻炼。我想我们只要真正这样去做了，这不是学生探究又是什么？第三个问题就说得更加掷地有

声："注重指导学生学会自行获取知识"。大纲是这样说的："自
然教学的基本过程是学生在教师指导下主动地认识自然事物和
应用所获得的知识，教师要尽可能地启发学生自行探求和应用
知识。"这还有什么可说的呢，自然教学的基本过程也明确了，
要尽可能启发学生自行探求也说得没有什么退路了，你自己不
按照大纲的要求去办，非要去以知识为中心，那又能怪谁呢？
第四个问题是"加强观察和实验"。我想我们每一位自然教育
工作者都不可能不明白，观察和实验是学生进行科学探究的基
本途径，是学生进行科学探究不可或缺的支撑。第五个问题是"积
极开展课外自然研究活动"。大纲是这样说的："教师要鼓励
和辅导学生开展课外自然研究活动，并力求把这种活动化为他
们乐于从事的经常性活动，使他们在活动中扩展知识，发展兴
趣。"我想，大纲如此强调课外自然研究活动，其让学生自行
探究的良苦用心是不言而喻的。"教学中应注意的几个问题"
共 1300 余字，而讲如何让学生探究的这几点就占了近 1000 字，
我想，再要说自然大纲是以知识为中心的话，就有些不实事求
是了。你的自然教学非要以知识为中心，那就不是自然大纲和
自然教材的过错了。我不知道现在的一些专家学者名师们是怎
样片面地看出自然大纲是以知识为中心的，是客观科学地理性
分析还是为了建立一个新的推翻一个旧的而进行的主观臆断？
翻开自然教材，引导学生自行探究的课文比比皆是，大多数课
文都是按照科学研究的基本程序即"问题——假设——实验——

结论"的顺序编写的，这不正确吗？

因此，我说我们的自然课是一直在努力实施并深化着以探究为核心的。

（二）我们的自然课一直强调让学生亲身经历

在认真理解了自然学科的性质任务以及大纲和教材的思想之后，我们特别强调让学生亲身经历的重要性，我们把是否让学生亲身经历作为自然课的一个重要特点，我们全体自然教师都树立了"探究没有失败，经历就是成功"的自然教学理念。

为什么我们一直努力让学生经历科学探究的历程？一是自然课"科学启蒙"的性质所决定的；二是我们认为大纲的灵魂就是学生探究，而探究的唯一办法就是让学生去亲身经历，否则探究就成了无源之水、无本之木。所以只有亲身经历才是探究的"源""本"。离开了亲身经历，探究将不复存在，自然教学也将不是真正意义的自然教学；三是大纲一再强调培养学生学科学用科学的能力，各年段教学要求中关于科学探究的情感态度也都有具体的内容。能力从哪里来，情感态度从哪里来，死记硬背行吗，光老师讲学生听、老师做学生看行吗？大家都明白这样一个浅显的道理，学生的能力以及情感态度不是背出来的，也不是老师讲出来的，而是学生亲身经历出来的，在实践的土壤中慢慢生长出来的，在老师的"启发"下，"熏陶"和"实际锻炼"出来的；四是人的本性决定的。人天生具有探索和经历的愿望，我们强调学生的亲身经历，是对人性的关照，是对人的尊重，是对人的解放；五是从教育实践中总结出来的。我们全县教师总结出一条浅显然而内涵却十分深刻的自然教学原则：如果不让学生亲身经历，学生的学习就会没有兴趣。确实，自然教学本身就是引导学生进行科学研究，而科学研究如果不实实在在地去亲身经历，则无异于捆住双脚让你跳舞，封住嘴巴要你唱歌一样的不可能。

（三）我们的自然课一直在不断地开放着

要让学生真正探究和经历，不把自然课延伸到课外是不行的；下课铃一响学生的思维与研究就完全画上句号也是不行的；有些教学内容不根据实际情况进行替换与改造也是不行的；研究过程硬性规定只能用某一种方法也是不现实的；对同一个问题只允许一种看法存在事实上也是不可能的……我们一年一度的全县自然赛课总会给我留下不灭的记忆：那种开放热烈的场面，教师开拓创新的教法，学生开放不羁的思维，师生走出教室追求真理的氛围……最初老师们也有些顾虑，说我们的课这样开放了完不成教学任务怎么办。我对老师们说，要完成教学任务是很简单的事情，你们有很多办法，关键是我们的自然教学不仅仅是为了完成所谓的教学任务，而是为了让学生得到发展，让学生受到科学启蒙教育。老师们也就慢慢地接受了这个观念。慢慢的，我们的自然课也就实现了空间、方法、内容、结论的开放。我怎么也不会忘记，老师将学生带到操场上让学生带着疑问放飞热气球的情景；我怎么也不会忘记，课堂上学生用不同的方法不同的器材研究反冲现象的动人场面；我怎么也不会忘记，一个老师用三课时引领学生对"为什么电磁铁的两极会有不同，与哪些因素有关系"的问题持续研究下去的精神……

我们的课堂是靠什么开放起来的，同样是靠对大纲和教材的正确理解。大纲是"法"，我们只是在依法办事而已；教材是"本"，我们尊重它，理解它，但我们不迷信它，我们在经常超越它。因为大纲要求我们超越它，大纲给了我们创造和超越教材的空间："我国幅员广大，各地自然情况千差万别，教学时可以根据当地的自然情况调整教学内容的顺序，或选取相关的材料替换。"这也是大纲的一种开放的思想，你非要照本宣科那就是你自己的不对了。我们必须把大纲、教材的精神吃透，如此方能游刃有余，实现真正的开放。

（四）我们的自然课一直在努力以学生为主体

探究了，经历了，开放了，我想我们的自然课就自然是以学生为主体了。我们的老师都明白这样一个道理：真正意义的学习是学生自己的事情，是学生自己去主动建构的一个过程。大略六七年以前，在实践经验的基础上我们县就根据科学教育的要求提出将教室更名为学室的理念，将教室变为学生学的场所而不是教师教的场所。这种提法促进了教师以学生为主体的观念的形成。

为让学生受到大纲提出的"启发他们的创造精神""发展学生学科学用科学的能力"等主体思想的磨炼，我们在全县范围内开展了"自然课应让学生做到四够"的课题研究，即科学研究应让学生说够——提出问题，交流讨论等；想够——猜想、预测等；看够——观察、体验等；做够——真刀实枪的实验、考察等。我们的课题研究历时三年，产生出一大批具有真知灼见、真情实感的研究成果，有的还在《中小学教材教学》（人教社小学版）《小学教学研究》（江西南昌）上发表。

为了让学生真正成为科学学习的主体，我们以此为主题开展经常性的教研活动，赛课、讲座、研讨会、说课、集体备课等。我们知道，只要真正地以学生为主体了，学生也就探究了，经历了，我们的课也就开放了。探究、经历是实现生为主体的手段，生为主体是探究、经历的前提和保障。

事实证明，我们的学生主体观同样来自自然大纲和自然教材。

在还没有更多的铁的事实证明科学课程标准和科学教材比自然教学大纲和自然教材优秀之前，谁也无法扭转我对后者的爱。

五、对《物体在水中是沉还是浮》的研究

现在有一种很危险的倾向，不少的老师以"用教材教而不是教教材"为由而不去精心研究教材。要知道，深入钻研教材恰恰是"用教材教而不是教教材"的前提，不把教材钻透，是不可能达到"用教材教而不是教教材"的境界的。也有不少的老师说教材不只是一个载体吗？这似乎也成了不研究教材的理由。而我认为也恰恰相反，正因为教材是一个载体，我们才应该去深入研究它。载什么？载探究过程、载学生科学素养、载教学目标的达成，如果不深入研究这个"载体"，不把这个载体吃透，我们就不可能有效得甚至不知道以怎样的方式方法把这些"货物"往这个载体上装，这个载体也无法承载这些"货物"。只要我们对教材进行认真研究，肯定是会有所收获的，尽管每个人的收获可能在不同的方面。我对教科版（教育科学出版社）小学科学教材三年级下册中的一篇课文《物体在水中是沉还是浮》进行认真研究之后，有以下实实在在的收获。

（一）"吃透"了教材的主要特点

1. 整篇课文浑然一体

教科版教材的每篇课文都是由几个二级标题（活动）组成的，表面上看，这些活动相互独立，之间没有明显的联系。其实只要我们深入分析，便不难发现其内在的逻辑，"形散神聚"是教科版科学教材的一个特点。课文的第一个活动是"观察物体是沉还是浮"，意在得出观察物体沉浮的方法，没有这个"方法"，第二个活动"观察更多的物体是沉还是浮"就无法进行，这就自然地把前后两个活动"捆绑"在一起了。原来，前一个活动是奠定方法的基础，后一个活动是前一个活动的发展。第二个活动的主要目的是要由学生自己将潜意识中的推测物体沉浮的隐形依据"提拔"出来，与实际的显性结果进行比较，得出：沉浮可能与物体的大小、轻重有关的推测。那么是不是真的有关呢？又自然过渡到对第三个活动"物体的沉浮与它的大小、轻重有关吗"的研究。这种过渡就水到渠成，没有痕迹。对"物体的沉浮与它的大小、轻重有关吗"的大板块研究，其匠心独运的意图是让学生产生"无关"与"有关"的巨大冲突。物体的沉浮与它的大小、轻重一会儿无关一会儿有关，这究竟是怎么回事呢？这就"不得不"过渡到第四个活动"思考与讨论"上来。于是，整篇课文就这样浑然一体了。

2. 让学生掌握探究的方法

这要从三个层面来看。我们的教师对观察方法的理解或者说对学生观察方法的训练的理解一般都是观察要认真仔细、要实事求是、要由整体到部分、由部分到整体等等，而这篇课文除了这些"肤浅"的东西而外，更本质的就是要在老师的引导下由学生自己探究出另一种更为犀利的科学研究方法：观察要有统一的标准。否则，我们就可能观察不出本质的东西。本课就是要么按照大小的标准，要么按照轻重的标准观察。这是第一个层面。第二个层面是课文有明确的目标（观察）指向。没有明确目标指向的研究终究只能是浅层次的、感性的研究，是一种"只埋头拉车不抬头看路"的茫然的经历。而本篇课文的目标直指"观察须有统一的标准"，无论你教学中有多少生成的东西，这个方向是不能动摇的。这就将研究上升到了理性的高度。第三个层面是教材强劲地说明了"研究（观察）方法决定结论（原理、概念等）的真伪"。把实验后的多种物体按照从大到小的顺序排列，可以看出"物体的沉浮与大小无关"，再把实验后的多种物体按照轻重顺序排列，可以看出"物体的沉浮与轻重无关"。毫无疑问，这是两个伪结论。而将物体统一大小按轻重排列，统一轻重按大小排列之后，又得出了与轻重、大小有关的结论。这就让学生自然感悟到：方法是多么重要。

3. 思维训练由易到难

观察物体是沉还是浮→观察更多的物体是沉还是浮→物体的沉浮和它的大小、轻重有关系吗→思考和讨论，从课文的这四个活动标题就不难看出研究活动中对学生思维训练的要求从宏观上或者说从编者的指导思想上看就很好地体现了由易到难、逐级上升的态势。从具体的探究过程上看同样体现了这样的走向：

第一个活动尽管因为"小纸片""铁盖"的沉浮现象会引起学生的一些认知冲突而具有一定的思维性，但活动的主要成分还是观察；第二个活动尽管从形式上看主要是在观察，但它已不同于第一个活动的观察，思维成分明显增加，思维已大于观察。学生在把不同物体往水里放之前，先要推测一下沉浮情况，这是第一个活动没有的要求，而且，还要求追寻"心灵深处"的推测依据，做到推而有据，这更是第一个活动没有的要求。第三个活动是整堂课的重头戏，活动自始至终围绕"物体沉浮与大小轻重的关系"的探究使思维藤蔓一样向上攀升。第四个活动就基本上纯粹是思维的碰撞、交流、打磨和升华了。

思维的由易到难，由浅入深，使整个探究活动由感性逐步上升到理性，顺应了学生的认知发展程序。

（二）"挖"出了教学的"关键点"

1. 目标必须吃透

教科版科学教材的教学目标往往不能从课文题目上去分析，它的真实目标一般隐蔽在题目之后，潜藏在课文深处。但我们又必须将目标挖出来，保证教学的正确方向。本课的题目是《物体在水中是沉还是浮》，从题目上看其目标好像是研究物体的沉浮，但对课文进行研究之后，发现这并非本课的真实目标，其真实目标应该是"观察须在同一个标准下"，对物体沉浮的研究只是达到这个目标的一种载体而已。当然，只要能达到这个目标，我们也可以用别的载体而不一定非要用"研究物体沉浮"这个载体。所以我们一定要看透课文的本来"面目"，小心"上当受骗"。这是我们在研究教科版教材任何一篇课文时都必须首先要做的事情。

2. 材料的结构性要强

本篇课文对材料结构性的要求关键是要能有效地挑起学生的认知冲突。比如小纸片放在水里，开始浮着，过一会儿又沉下去了，那么它到底是算沉还是算浮？因为这个认知矛盾的产生，就自然将研究推进到沉浮的标准上来。所以在这一组材料中，"小纸片们"是必须要有的；再如，在"观察更多的物体是沉还是浮"的活动中，就必须要备有学生对沉浮的推测与实验验证结果恰好相反的物体。材料的结构性包含材料的简洁性。科学课文就是这样，越是需要大量材料的时候对材料的简洁性就要求越高，否则，不仅影响探究效果，而且容易把学生搞昏。在准备沉浮物体的时候，要做到多而不杂，富而不余。比如第二个活动和第三个活动的前半部分就应该用同一组材料，第二个活动前半部分的两个实验也应该用同一组材料。科学教师应该经常思考怎样使探究材料既充实又精炼。

3. 科学地确定演示实验

本课看似研究物体的沉浮，实际是以此为载体让学生明白一种科学研究（观察）的方法。一会儿大小、一会儿轻重、一会儿控制大小比较轻重、一会儿控制轻重比较大小，没有"高度"清晰的思维，就容易搞糊涂。对于三年级的学生来说，本课并不轻松。如果所有的实验都由学生动手操作，不但难以完成"任务"，而且效果也不一定好，实际上也没有这个必要。尽管科学课以探究为核心，但探究也不一定非要学生时时处处动手，也还要具体问题具体分析。有时候科学地确定教师演示实验，由学生观察、记录、讨论，师生共同研究，效果会更好，而且对学生来说，反倒有"减负增效"的功用。第一个活动"观察物体是沉还是浮"和第三个活动中分别控制物体大小和轻重的沉浮实验都适合教师演示。因为如果全由学生动手，一是课堂时间紧张，二是于学生来说前者操作简单，意义不大；后者操作偏难，难于"控制"。

4. 把学生的认知矛盾用透

本课的教学过程是一个较为典型的由学生的认知冲突向前推进的过程。教师应该以学生探究过程中的认知冲突为教学的"抓点"和"助推器"，将学生的认识不断向前推进。在一定程度上可以这么说，将"冲突"用到什么程度，教学就成功到什么程度。比如，那样研究，与大小、轻重无关，这样研究，又与大小、轻重有关,这到底是怎么回事？这是本课中最大的"冲突",教师就必须抓住这个冲突，引领学生深入、透彻地研究下去，将探究和学生的认知持续地向前推进。

六、对小学科学教材的优化处理

教材无论多么优秀，无论怎么多样化，都不可能完全适合具体化的某个地方某个班级的学生，因此对教材进行优化处理应该是教师的一个必不可少的工作。实际上新课程倡导的"用教材教而不是教教材"也就包含了教师要对教材进行优化处理的内涵。经过研究和调查得知，小学科学教师目前主要应该在教材的结构、探究、目标等方面进行优化处理。

（一）结构的优化

教材结构的优劣是教材优劣的重要标志。怎样的教材结构才是好的结构呢？布鲁纳的结构主义教学论和广大教师的实践经验说明，越能顺应学生认知程序的教材结构就越是好的结构。一般情况下，教材结构总体上是适合学生认知结构的，这也是编者在编教材之前重点考虑的问题。但是，这只是"总体上"而已，编者也只能做到"总体上"如此。对于具体的某个地方某个班级的学生而言，编者就"无能为力"了。比如教科版四年级上册（以下同）《食盐在水里溶解了》一课，教材的结构是这样的：比较食盐和沙在水里搅拌后的现象（给学生提供一个标准的溶解和不溶解的直观表象）——面粉在水里搅拌的现象（揭示学生对溶解现象的认知冲突）——高锰酸钾和砂糖分别在水里搅拌的现象（让学生直观地看到溶解过程并联想砂糖"看不见"的溶解过程）。我们县的农村学生可能就不太适合这个探究结构，有必要将起步放得更低，步子放得更小。办法之一是：老师提问什么是溶解（学生说溶解就是"化"了）——沙在水里搅拌的现象（标准的不溶解）——面粉在水里搅拌的现象（似溶解又不似溶解，揭示认知矛盾）——食盐在水里搅拌的现象（师问溶解了吗，生答溶解了）——那究竟什么是溶解呢——观察高锰酸钾在水里溶解的过程——联想砂糖在水里是怎样溶解的。这样让学生对溶解的认识由模糊到清晰，由表面到实质，一步步向前推进，最终达到完全理解溶解概念的目的。所以对教材编写者来说，优化教材结构永远是相对的，不是绝对的；永远是"总体上"的、一般的，而不可能是具体的、个别的，这也从一个方面说明了"教师教书必须是一种创造性的工作"。

（二）探究的优化

探究是科学课最显著的特点，也是主体的教学方法。无论什么类型的科学课，都应该突出其探究性，没有探究色彩的科学课不是真正意义的科学课。但要明确一点，探究不仅仅是动手，探究也不一定非动手不可，动手也并不绝对意味着就探究了。实际上任何一种教学方法，我们都可以使其变得具有探究的性质，包括阅读、资料查询、观察、交流等。所以，科学课是否具有探究性和探究性的大小并不决定于用什么方法，而在于怎样用这些方法。那么如此说来，科学教材是不是就没有必要也没有可能"二度"优化其探究性呢？不是。经过研究得知，教材的很多地方仍然是需要我们根据学生的实际情况进行优化处理的。比如，教材中低估学生探究能力的地方我们就要优化或者说强化其探究性。《磁铁的两极》中关于"研究磁铁指南北的性质"的活动，教材是依照学生还不知道"磁铁能指南北"这一性质的思路编写的，即"通过实验说说有什么发现"，但实际上不少学生都知道磁铁的这一性质，如果再让他们去经历这个发现的过程就没有什么意义了。这就有必要换一个角度优化处理这段教学，以便增加其探究性和学生的探究兴趣：怎样用实验证明磁铁能指南北？你可以用哪些方法证明磁铁能指南北？要具备哪些条件磁铁才能指南北？……又比如，有些课文有必要弥补一些探究环节来增加其探究性。《植物怎样生存》中当教材提出"植物的养料是什么呢"的问题之后，紧接着就是阅读海尔盟实验。为了让学生思维的火花在探究中得到更为绚丽的喷发，我们可以在"问题"和"海尔盟实验"之间弥补一个"推想"的环节，也就是先让学生思考、猜测、讨论植物的养料是从哪儿来的。学生肯定都是有自己的思考的，猜想是有"结果"的。即使没有结果，我们也有必要这样试着去做。这样，课堂的气氛就会更好，学生的学习就会更加具有主动性，科学课就更像科学课了。所以只要我们去钻研，对教材探究性的优化处理也是大有空间可以开掘的。

（三）目标的优化

目标也需要优化吗？先看《怎样加快溶解》这篇课文，教材的目标定位是：通过实验研究，得出搅拌、碾碎、加热可以加快溶解的三种方法。然而实际上不少学生是已经有了这样的生活经验的，一般情况下只要在老师的稍加启发之下，学生是完全可以自己得出加快溶解的这几种方法的，而并不需要像教材中那样经过"漫长"的实验探究。所以，课文的目标就必须重新定位，也就是进行优化处理。重新总体定位应该是，如何将学生的认知在已有基础（加快溶解的三种方法）上向前推进。怎样推进，教师就可以根据学生的实际自己研究确定了。比如有的老师的具体定位是怎样控制对比实验的实验变量（像搅拌可以加快溶解的对比实验就必须保证水的多少一样、水的温度一样、肥皂的大小一样、肥皂的形状一样等），这样的目标再定位对学生来说就有了发展的意义。所以，教材的目标也是需要优化的。优化教材目标有两个前提，一是把教材钻研透，二是把学生钻研透。

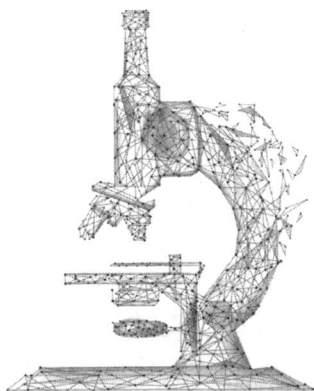

第二章　思维是科学课的特质

一、走进科学的本质

——学习苏教版科学教材的点滴体会

经深入剖析，我以为江苏教育出版社出版的科学教材真正走进了科学教育的本质。

（一）绪论课文的新颖性

犹如非思想品德课程也必须使学生受到思想教育一样，在方法上我们老是强调渗透、渗透再渗透，仿佛一旦出现了抽象的概念，一旦出现了"空洞"的说教，就得自我检讨并接受他人的批评。一时间，各学科"枯燥"的思想教育便成了"过街老鼠"。科学是什么，我们究竟是让学生又开始糊里糊涂地学习这门课程，还是让学生明明白白地"消费"这门课程？而且对于三年级的学生来说，在感受与体验的基础上已经完全能够接受类似"科学就是提出问题并想办法去解决这些问题"的概念。进行科学课程学习之前，我们完全有必要让学生明白科学是怎么回事，让他们心里先有个底，"哦，原来科学是这么回事，是叫我们做这些事情的"。我们没有必要再遮遮掩掩，欲说还休。如果我们"孤注一掷"地让学生仅仅在"做"中学，老是不敢上升到"科学是什么""什么是科学探究"等"理论"高度，或许我们学生的大脑就会成为迟开的花。学生以后的探究就可能是雾里看花，水中望月，抑或盲人摸象甚至是睁着眼睛在科学的殿堂里乱撞。我们需要渗透，但我们不仅仅需要渗透。"渗透"好比植物扎进土里的根，"理论"是长期扎根之后结出的花果，难道我们只要根而不要花和果实？教材是通过学生极感兴趣的吹泡泡的具体探究活动并与大发明家爱迪生发明电灯的故事进行比较来一步步揭示出科学的"本质"的。站在科学的门槛上，让学生首先明白什么是科学，这是苏教版科学教材的全新设计。

（二）内容挖掘的突破性

当我读到第二单元《我眼里的生命世界》时，不禁为编者在教材内容的挖掘与安排上所表现出的高水平所折服。一个突破是将多种不同植物放在一起同时进行比较，找出它们的相同点和不同点。教材第 13 页同时将 5 种不同的植物放在一起进行比较，这虽然比只对两种或选择两种进行比较增加了难度，但却是很有意义的，是学生科学学习的一个质的飞跃，让学生明白比较不仅仅限于"二者"之间。教学内容打开到什么程度，师生的思维才能打开到什么程度。如果编者的意图仅仅是让师生选择其中的两种进行比较的话，那么教师完全可以"用教材教而不是教教材",突破一步天地宽。另一个更大的突破是把不同类的生命体放在一起进行比较：动物与植物，植物与人。此内容的开掘，是本册教材的一个亮点。这至少能让学生领悟：哦，比较真是太神奇了，原来任何东西都能放在一起进行比较，世界上的一切事物原来都有相同点和不同点。这不仅能使学生的思维逐步变得深刻而锋利，而且对于发展学生"联系"的哲学观点也是大有裨益的。把兔子和萝卜放在一起进行比较，分别找出它们的相同之处和不同之处，这实在是编者的生花妙笔。"人与黑猩猩之间有什么相似之处和不同之处？"这无疑让比较又深入了一步。不过稍感遗憾的是，教材没有同时将动物、植物、人"三者"放在一起进行比较，如果那样，教材离科学教育的本质就会更进一步。也许编者是考虑到难度问题，即使这样，再往前开掘一步也是很有必要的，因为"不在于教什么而在于怎样教"，如果仅从内容的难易角度说，对于编教材的人而言，或许也就是"不在于编什么而在于怎样编"了。

（三）过程与方法的外显性

经过一个学期的观察、测量等"过程与方法"的经历与体验，到了该"捅破这层纸"的时候了。于是教材安排了关于科学探究的过程与方法的专门单元，即第6单元《观察与测量》。渗透是"厚积"，是手段，揭穿是"薄发"，是目的。该发不发，那是对孩子们智力的浪费；该发时发了，我们就又向科学教育的本质前进了一步。与绪论单元一样，首先让学生知道科学是什么，这是显性的。本单元升华到专门的过程与方法的训练，让学生知道方法的重要性，这也是显性的，如此构成首尾呼应。将科学探究的过程与方法显性化，既是本册教材的一个特色，也是既要"根基"也要"花果"的科学之举。

（四）自由研究的实质性

我们总在说放手放手再放手，要让学生自由研究。但是我们又往往总是放不开，形式上放了暗里也还是设好了圈套想法子让学生往里钻。"放"了这么多年，我们的放似乎还是没有实质性的突破，我们的放依然任重而道远。而《自由研究》单元似乎具有强烈的现实针对性，真正地让孩子们以生活中遇到的问题为目标，通过亲自设计实验，寻找、记录与问题有关的信息资料，分析所收集的数据，直至找出问题的答案。学生从感兴趣的事物中选择问题，自己设计研究问题，这就是真正的自由研究。我们引导学生进行"漫长"的科学探究的目的就是为了能让学生能真正地自由研究，从这点上说，教材是高瞻远瞩的，也让广大科学教师明白，自由研究之于学生的重要性，不然，"我"怎么会将"自由研究"提炼出来大张旗鼓地设为一个专门的单元呢？仅由此看，该教材"自由研究"的设计也是智高一筹的。如果说前面单元的自由研究是肤浅而零星的话，那么本单元的自由就应该是深刻而成规模的。由此，我们离科学教育的本质又从另外一个侧面进了一步。

相比之下，苏教版独树一帜。以上"四性"，便是苏教版走进科学本质的体现，也是与其他版本教材的不同之处。个人浅见，望同行指正。

二、科学教师如何读教材

尽管教材只是一个"例子",但它毕竟是一个不可或缺的例子;尽管教材只是一个"载体",但它毕竟是一个不可或缺的载体;尽管教材只是一个通向目标的"桥梁",但没有这个桥梁是通不向目标的。所以,课程改革无论怎么改,教材总还是存在的,不管以什么方式存在。而且,一本好的教材,其内涵是十分丰富的,可以长时间地供我们研究、欣赏、品味。那么今天的教师该如何读科学教材呢?

(一)读出新理念

新课程改革有很多新的理念,科学课也有自己的很多新理念。比如说以学生自主探究为核心的理念,让学生亲身经历科学探究历程的理念等等。那么教师在读科学教材的时候,就必须要将这些重要的理念读出来,教材中哪些课文哪些地方哪些环节体现了这些理念,要能够把教材上的"例证"与课改、课标中的"理念"对上号,如此才能说明你读懂了教材,否则,你就只能是云里雾里,混沌茫然,耗时低效地在读教材。就拿"自主、合作、探究"的学习方式来说，整个教材（以青岛版科学教材三年级下册为例，以下同）的编写都充分体现了这种理念。自主：课文结构四大板块，"活动准备"是学生自己的准备活动，"活动过程"是学生自己的过程活动，"自由活动"是学生自己的活动自由，"拓展活动"是学生自己的活动拓展，可以说是淋漓尽致地自主了；合作：我们可以直观地看到，教材中学生们的研究活动都是几个人在一起的共同协作，几乎看不到一个人"孤军奋战"式的研究活动，也就是说，凡是需要合作的地方，编者都"安排"学生合作了；探究：这是教材的一个最为基础性的特点，只要一翻开书，探究的气息便扑面而来，无须我在此处赘述例证了。

（二）读出新内涵

科学教师必须要有自己的思想，要有独立、深入地思考问题的能力和习惯。因为无论是教材或其他事物中都存在需要我们去挖掘的东西，而这些东西又往往是我们理解事物的关键因素，是事物深刻而博大的内涵。我们首先是要在反复读教材的过程中发现一些问题，然后用思想的锐器剖析这些问题。比如三年级下册教材一共只有24篇课文，而按照课程计划每周三课时计算，一学期也有60课时，按教参安排基本上是一篇课文上一课时。如此算来，一学期的课时怎么也用不完，至少剩一半。这是怎么回事？是不是编教材的人出了问题？我们"发现"了这个"问题"后，千万不能"懒得去想"或抱着不求甚解的态度，我们应该有自己的思考，自己的答案，科学教师就应该有这种严谨缜密的态度。我认为，"24篇课文60课时"至少说明了以下几点：一是学科特点。探究需要一个充分的过程，我们以往的自然课也讲究探究，但往往因时间的不充分而难以深入，教师也往往因为时间的关系不敢在探究上花太多的时间。现在的科学课似乎是有针对性地将课文与课时的悬殊拉得很大，保证了探究的充分性，突出了学科特点；二是课程的生成性。教学是一个动态的过程，科学探究更是一个"难以预料"的过程，教学过程中必然会产生许多新的有价值的研究问题，那么教师就要善于抓住这些有效的资源，以学生的发展为本，"挣破"课时的限制，让探究绽放异彩；三是科学课程的开放性。科学课程是开放的，而开放是需要时间的。比如空间上的开放，我们经常需要将学生"放归"大自然，在大自然中去学习科学、探究自然的奥秘。人是由动物进化而来的，钢筋水泥是人类对自己的束缚。我们能够将学生引进自然中去经历风花雪月、土木虫鸟，那是人性的解放，是心灵的飞翔。又比如时间的开放，研究方法的开放，研究答案的开放，等等；四是科学素养与载体的关系。每学期60课时的科学课，这是一个量的规定，更是一个质的规定。说明这个时代这个年龄段的学生通常情况下应该要接受每学期60课时的科学教育，方能达到国家对本年龄段学生的素养要求，而与教材多少篇课文并无本质联系。无论你

10篇课文也好，30篇课文也罢，60课时却是一个常数，是"法"的规定。这也是一个国家对科学和科学教育日益重视的体现。原来三年级自然课每周仅一课时，现在科学课的课时是它的三倍。对事物的重视程度虽然不能用倍数来计算，但如此意会一下也未尝不可。

（三）读出探究程序

很多老师认为，现在的科学课光是活动，一个活动接着一个活动，好像没有什么探究程序了。而原来的自然课是十分讲究"问题——假设——实验——结论"的探究程序的。事实上是不是这样呢？肯定不是，只要我们会读，探究程序依然读得出来，只不过有时候体现得稍微含蓄一点而已。比如说《小车的运动》一课，我们来看第一个"活动过程"，也就是书上的第一个"放大镜"。第一个图是两个学生在一起玩小车，编者的意图肯定不是让学生纯粹的玩小车，"玩外之意"是使孩子们在玩的过程中产生"推拉是不是能产生力"的问题。而第二组图就是通过多种实验方法验证"推和拉都能产生力"的假设。这组图有三个实验或者说有三种验证方法，当然这只是方法上的一种启发，并不是要求我们一定也要按照这三种方法去做。但老师们要明确编者这样的意图：一是必须通过实验去验证，凡事不能仅凭猜想；二是要通过多种方式去验证，科学的结论是可以重复验证的，验证的方式是多种多样的。这样书上看起来就只有产生问题的实验和验证性实验了，那么"假设"在哪里呢？实际上假设就在两组实验之间，在教材的空白处。第一个实验产生要解决的问题，即"推拉是不是都能产生力呢"？随着问题的产生，学生会自然地在老师的引导下进行假设和猜想：也许推和拉都能产生力。虽然这个假设教材上没明摆着，但老师可以在教学中"补"起来。所以这两组图看起来分离，实际上是通过"隐去"的假设融会贯通起来的，两者之间也就存在科学探究上的逻辑联系。所以只要我们去深入地读，同样会读出严密的"问题——假设——实验——结论"的科学探究程序。探究程序，教材中无处不有。

（四）读出省去的内容

新的科学教材是开放的，开放意味着"空间"，空间意味着"我不告诉你"，"我不告诉你"意味着学生的自主发展。那么教师在教学前就应该先去读出这些省去的东西，尽力读出更多的内容，这是教师读教材的基本功。比如"假设"环节的内隐，"合作"理念的含蓄表达，"结论"个性化的特点等等，书上都没有直接告诉我们，我们就只能用自己的思想去开掘。再一个明显的标志是，青岛版科学教材中有很多省略号，这些省略号中有丰富的内容，都需要教师自己去尽量多地读出来。这是引导学生探究的前提，是处理好生成与预设关系的支撑点。比如第29页"我们的发现……"，第30页"我有办法了……"，第 71 页"我知道了……"，第 86 页"我明白了……"，第 87 页"我的想法……"等等。这些省略号像天空中的星星，明亮而美丽，使师生的科学探究之路更为灿烂。

（五）读出图的本意

一是要读出图的"标"意，二是要读出图的"本"意。读出图的标意不难，关键是要读出图的本意。比如《弹簧的学问》"活动过程"中的第一个活动图，孩子们在一起做有趣的蹦蹦跳游戏，插图直观地告诉了我们"是什么"，即图的标意。那么图的本意是什么呢？编者的意图同样也肯定不是安排学生去玩玩了事，而是要在玩中去发现问题，去产生假设。通过玩，产生"我是怎么被弹起来的""难道弹簧有力吗"等问题，随即便水到渠成地进行猜想：可能是弹簧有很大的力。再自然过渡到下一页中大量的验证实验，这才是图的本意，真意，图外之意。再如《充气玩具里的科学》中"我们比一比，谁的球拍得高"的活动图，其本意也不是真正看谁拍得高，而是要让学生从中产生"他为什么比我拍得高"的问题，随即便进行猜测。教材中每一个图都有"标""本"两层意思，包括"活动准备"，其本意也不是让师生去生搬硬套地准备书上那些材料，书上画的那些材料其本意只是一个启发，是给我们提供一个材料准备上的思路。所以科学教师如果读不出教材插图的本来之意，那么教学必然肤浅。

（六）读出自己的建议

教材不会十全十美，加上新课程提倡读者个性化的理解，因此我们对教材理应有自己的教学建议。比如第 20 课《太阳能热水器》，对这一课我有两点拙见：一是这一课的研究意义有些萎缩，仅仅只是对"黑色物体比白色物体更能吸收太阳热"的简单运用，且前一课已有相关内容；二是这一课本身的教学意义弱化，前一课的几个地方都有与本课类似的内容。因此我认为可以对本课教学进行大胆的改进，改进时把握两个原则：一是要结合本地、本校、本处学生的实际，二是改进的着力点应该放在"探究性"的开掘上。例如就地取材用易拉罐瓶由学生自己做"热水器"，然后研究怎样的热水器更科学，效果更好，包括颜色、材质、放置的方法等。新课改中，我们有必要淡化教材的神秘感，我们应该在吃透的基础上超越它。

（七）读出文本新意

这是读教材的一个高层次要求，因为这种"新意"在教材中埋得比较深，往往是编者可能都没有的"意图"。这种新意往往可以成为我们的一个个研究课题。比如我在"读"了整本教材后发现：学生对实验材料的准备过程实际上也是一个完整的科学探究过程。试以第 10 课中"钢笔为什么吸水"为例具体说明这个过程：

1. 提出问题：钢笔为什么会吸水呢？

2. 进行猜想：也许是因为大气压力的原因吧（猜想的原因很多，这里仅以此为例）。

3. 设计实验方案：那么验证大气是否有压力的实验怎么做呢？方案之一：把一张纸盖在装满水的玻璃杯上，然后小心地把玻璃杯倒过来，看纸会不会掉下来。如果纸不掉下来，就证明大气有压力。

4. 构思实验材料：根据大气压力实验的做法构思所需实验材料，即玻璃杯、纸、水。

5. 准备实验材料：根据构思准备出有结构的实验材料，即玻璃杯、纸、水。

所以研究"钢笔为什么吸水"可以准备的一组（仅仅是一组）实验材料是：玻璃杯、纸、水。

这个过程可以简单地表述为：提出问题——进行猜想——设计方案——构思材料——准备材料。这就是材料准备的过程，一个完整的科学探究过程。

三、科学教学中思想教育的误区及其对策

（一）思想教育的误区

《科学（3—6年级）课程标准》在课程总目标中指出，要通过科学课程的学习，使学生形成"爱科学、爱家乡、爱祖国的情感"。这说明科学课（包括现行的自然课，以下统称为科学课）思想教育的重要性。然而科学课的思想教育方法必须有自己的学科特点，它只能通过启发、熏陶和实际锻炼的方法去实现思想教育的目标。因此，我们必须深刻领会、透彻理解启发、熏陶和实际锻炼的实质内涵，防止和纠正思想教育在方法上的误差。"启发"的含义是：充分调动学生的积极性，指导学生通过观察、实验、研讨等，自己探究科学的秘密，获得问题的结论。"熏陶"的含义是：通过教学的情境或教师的榜样作用，对学生产生潜移默化的影响。"实际锻炼"的含义是：通过有计划安排的实践活动，使学生学习的各种方法得以训练，思想、态度得以磨炼。三种基本方法是相互联系、相互配合的。

实际教学中有的教师对课标精神吃不透，对小学科学的思

想教育方法和原则把握不住，对教材缺乏透彻理解，因此在思想教育上出现了一些失误：

1. 画蛇添足

人是有思维的，人对接触到的事物都会产生某种心理倾向。本来，我们的科学教学，有些只要学生知道某一事实，形成某种心向，经过日积月累，结识到的同类事物多了，某种观念和倾向就会水到渠成。但有的教师一不小心就借题发挥，实有画蛇添足之嫌。比如有位老师在教学有关宇宙的知识时这样讲："万事万物都是互相联系的，都是运动变化的，运动是绝对的，静止是相对的……"海阔天空，口若悬河，学生听得目瞪口呆。有位老师在讲到伽利略的发明创造时，最后也忍不住来一则空洞说教："我们一定要向伽利略学习，学习他的求知欲望；学习他敢于挑战世俗的精神；学习他的勇气与胆量。我们要从小立大志，从小事做起……"演讲倒是精彩，可实际意义却不大。

2. 牵强附会

按学科特点，科学课的"科学素养"目标应落实在科学学习的全过程，而具体落实到每一节课则应视教学内容和学生实际有所侧重。意即我们在上每一节具体的课文时所达到的教育目的必须有侧重点，甚至只有某方面的目的要求。因此我们不一定非要把并不具有某些思想因素的课文"深掘"出"丰富"的思想内涵，生拉硬扯，牵强附会。有位老师在上有关水的压力知识时，找不到明显的思想教育因素，便根据课文中"你在游泳时……"的一段话，大讲特讲同学们在游泳时要如何如何注意安全，如何爱惜庄稼等等，这实在没有什么意义。

3. 上成思品课

科学课有自己的学科特点，它的思想教育方法不同于思想品德的思想教育，教师备课时所站的角度就完全不同。科学课的思想教育是融于知识能力教学之中的，不是把思想教育作为直接的内容去处理的。有的教师片面理解"德育为首"，把某些科学课上成了思想品德课。有位老师在上《我们的红领巾气象站》时，处处离不开"红领巾"，生怕红领巾的思想之光挖掘不充分，把立足点就放在红领巾上了，用红领巾的要求去束缚学生的行为。而实际上红领巾气象站只是一个气象站的名称而已，这里的红领巾绝对没有这位老师所开掘的那么"丰富"的思想内涵。

（二）对策的原则

1. 以智育为基础的原则

能力、知识、思想教育是一个整体，科学课的思想教育必须以知识能力的学习为载体，只有生动具体地掌握知识发展能力，才能受到生动具体的教育。这就要求在科学课的思想教育中，不应该有脱离具体知识能力的东西，否则就必然是空洞说教。也不应该从概念出发，不要上升到理性认识的高度，尤其科学自然观的教育更应如此。对学生爱家乡爱祖国的行为评价也是如此。

2.主体自觉卷入的原则

学生是学习的主体。教育的愿望首先应从学生自身内部发生，要有这种心理要求，才会主动积极地去学习、去探究、去发明去创造。即是说，科学课的思想教育应该是学习主体自觉融入的过程，不然就难以起到教育的作用。也只有如此，才能使师生和谐统一，这种和谐统一又进一步促进学生主动融入学习。

3.不知不觉的原则

科学课中的思想教育，不潜移默化不行，不点点滴滴不行，它决不像思想品德课那样从外部去进行强制干预，它必须在不知不觉中进行。它的教育效果也具有潜在性和延时性。比如科学自然观的形成就是如此。

（三）具体对策

1.选取有趣的教学材料，运用多种教学方法

爱科学的教育是小学科学课思想教育的一个重要内容，然而爱科学的教育也应该是具体的。比如根据儿童喜欢生动形象的特点，教师就应为学生选取能为学生直接感知的材料作为重要的教学内容。像植物的根、茎、叶、花、果实、种子的形态构造，土壤的成分和种类等等；根据儿童好奇的特点，要选取自然界中趣味性材料作为教学内容。像动物怎样过冬，植物怎

样传播种子，电磁铁等等；根据儿童好动的特点，选取能让学生亲自动手的材料为内容。教材中实验很多，均适合学生亲自动手。这些有趣的教学内容，可以培养和发展学生的兴趣，激发学生的求知欲。

学生的年龄特点和心理特点决定了运用多种教学方法，可以培养其广泛的兴趣爱好。比如积极创设问题情境，采取生动活泼的教学形式，组织学生参加丰富的实践活动，电教手段的运用，尽量联系学生实际，讲科学家的故事等等。

2.学习科学事实，形成辩证唯物观点

科学自然观是人们对自然界宏观的也是科学的看法，即是用辩证唯物主义观点看待自然界。此观点的培养也必须是具体的，潜移默化的，长期的，空洞说教是行不通的。

比如学生通过教师的引导学习，亲自感受到存在于我们周围的水、空气、土壤、阳光、植物、动物等等都是物质，由此自觉形成自然界是由物质构成的观点；通过认识水的形态变化以及在太阳能和地球引力作用下的循环往复，岩石风化变成砂和黏土，砂和黏土经过河水的搬运、沉积和胶合作用又变成岩石，生物的进化，宇宙天体规律性运动等等，从而自然领悟到自然界的一切事物都是相互作用和制约的,是不断运动变化的，变化是有规律的；通过学习日月食的成因，让学生明白迷信是人类在科学处于愚昧时期产生的一种社会意识形态，从而自觉用科学思想和科学知识去破除迷信。

3. 注重学习实践，培养科学态度

科学学科的研究对象是物质世界，是一种客观存在，因此认识自然、探究科学的秘密，必须具有实事求是、尊重自然规律的科学态度。学生在教师的指导下，通过学习生态环境与人之间的关系，生物对环境的适应，生物与生物之间的关系等，使学生信服只有实事求是，尊重自然规律，才能认识、利用和改造自然，不然就会受到自然无情的惩罚。

对科学的研究还必须具有不断追求新知、勇于探索实践的科学态度。科学课本身就十分强调引导学生直接观察、动手实验、制作和亲自考察，这些认识实践活动对培养学生的探究等非智力因素具有很大作用。比如在学习了植物的有关知识后，一些学校就建立了植物园，在栽培植物的实践活动中，学生的科学态度就自然受到锻炼。

4. 利用大自然，增强爱家乡爱祖国的思想感情

科学课首先要指导学生认识周围常见的自然事物，了解人类对自然的认识、利用和改造的一些实践活动。这无疑会使学生产生家乡是美丽的，家乡的人民是伟大的自豪感，增强对家乡的热爱之情。教师还可以通过带领学生采集、制作有地方特色的标本，考察本地矿产资源等，使学生认识和热爱家乡。

我国是丝绸之国，我国人民对风力、水力的利用，对司南、地动仪的发明等光辉灿烂的科学文化，都是教材上对学生进行爱国主义熏陶的具体内容，我国地大物博，资源丰富，人杰地

灵，出现了像张衡等重要科学人物，都是渗透爱国主义教育的好素材。

总之，科学课思想教育的特点是让事实说话，用事实去启发、熏陶和实际锻炼，是渗透和潜移默化，它决不应该成为附加的东西。它应该蕴藏在知识的形成能力的发展、蕴藏在教材和教学过程之中，不能作为专门的教学环节去处理和安排，不应该留下雕凿的痕迹。

四、科学探究教学中的几个问题

　　小学科学课程是培养学生科学素养的启蒙课程。依据新课标，很多学校在课改过程中都非常重视培养学生的探究意识，试图让学生成为学习的主人。但在教学实践中很多学校的教学效果却并不理想。是什么阻碍了理想教学目标的达成？下面就小学科学课堂普遍存在的问题做一些具体分析。

（一）启发式教学中的伪问题

　　有位老师问学生："摸一摸锅铲，有没有滑滑的感觉啊？"很多学生没有摸就异口同声地喊到："有"。这个教师的提问看起来是一个问题，其实是一种"包办"。因为它是一个伪问题，问题里面实际上已包含了答案。

　　科学课教师应当认识到，并不是所有问题都一定要用启发学生的方式得出答案，当启而不发的时候，教师就应该另辟蹊径。比如在《声音是怎么产生的》一课中，教师问："我们看到敲锣的人都要敲一下按一下，这是为什么呢"，很多学生都没有答对这个问题，而教师依然不断"启发"……其实，把这个问题交给学生讨论一下不就迎刃而解了吗？为什么一定要将"启发"进行到底呢？

课堂交流应该是多向的，师生之间、学生之间、小组之间等，尤其是有效的小组内交流更是科学探究的重要保障。不少教师忽视小组内的交流和讨论，这或多或少地削弱了研究的味道，也就是科学课的味道。相反，这些老师却在师生单向交流上"下足了工夫"。主要表现形式是一问一答，对一个问题反复追问，而且在追问的过程中不给学生思考的时间，也不顾及其他学生的反应，其他学生说话也好，打架也好，好像都与此时此刻的"交流"无关。这种单向交流，让科学课堂耗时低效，失去了科学的味道。

（二）提供实验材料的时机不对

一位教师在上《声音是怎样产生的》一课时，课堂喧闹，乱成一团，无论教师如何声嘶力竭，学生基本不予理睬。这位教师的课堂设计整体来看也没有太大问题。问题出在哪里呢？就出在教师给学生提供的材料不适时。上课之前教师就把小鼓、皮筋、钢尺、音叉等实验器具全部摆在了学生的课桌上，学生的注意力和强烈的兴趣全部被这些器具吸引过去了。小学生好奇心强，必然去"玩"这些东西，于是没有心思听教师讲解。处理这个问题有三个办法，一是重新收回所有器具，需要的时候再分发；二是将所有器具全部放到桌子盒里面，需要时再取出来；三是如果不愿意采取上述方法，那么老师就必须采取更具吸引力的办法，把学生的兴趣转移过来。

（三）实验中的研究与问题预设不足

在学生参与实验之前，教师应当做好相关方案的设计。比如《形状与抗弯曲能力》一课，学生在做"形状与抗弯曲能力"的实验之前，教师就应该让学生设计实验方法，并让学生陈述实验方法。在学生陈述实验方法的时候，其他所有小组的学生都应该认真倾听，然后评价、修正该小组的实验方法，并发表自己不同的观点。当学生共同把实验方法"研究"得十分透彻之后，再要求学生"预测"实验中应该注意的问题。这是培养研究能力的有效方法。比如在实验中垫圈必须轻轻地放，垫圈应该从中间逐步向四周摆放等，这些具体步骤都应该由学生在老师的引导下"预设"出来。这样的科学课才是有科学味的科学课。

同时要注意分组实验和演示实验的关系。并不是任何时候分组实验都优于演示实验，当演示的效果优于分组时就要演示。比如《声音是怎样产生的》一课，有的教师想了很多办法让学生做了很多实验，目的就是想让学生亲眼看到"声音的振动"，但效果并不理想。有的学生最终也没有清晰地看到"声音是由振动产生的"，因为即使每个小组都做了音叉实验，但因学生的操作和观察能力等原因，效果依然不佳。

其实，教师只要做一个演示实验就可以让学生清晰地看到"振动"：将装有适量水的玻璃水槽放在实物投影仪上，将敲击后的音叉的一端与水面接触，学生就可以从大屏幕上清晰地看到"振动"了。

（四）教师深入钻研教材不够

无论课改之前还是之后，"把教材吃透"都是永远不过时的口头禅。在某校《拱形的力量》课堂中，学生用书本抵住拱足检验了纸拱的承受力之后，老师问："还有什么办法让这个拱承受更大的力？"一个学生回答："多加书"。学生的意思是增加抵住拱足的力。这个时候老师接着问："这个办法可行吗？""还有其他的办法吗？"，然后却没有深入讲解。这个时候有必要引导学生思考"增加书本的时候应该注意什么问题"或者"做这个实验的时候应该注意什么问题"，因为这个实验实际上是对比实验，目的在于检测纸供承受力的前后不同，不断增加书本是为了不断地与前面进行对比。

教师应当解释清楚以下问题：对比实验的关键是控制不变的因素，比如实验中纸拱的跨度不能变，纸拱两边所增加的书本的厚度必须一样，等等，这样才可能将"承受力"进行对比。遗憾的是有的教师没有吃透教材中的这些关键点，因此对实验的要点也很难深入讲解。在某校的《溶解的快与慢》课上，核心方法也是对比。在搅拌与不搅拌、颗粒的大与小、冷水与热水的对比实验中，要对比出"快"与"慢"。可是一节课下来，任课教师连"对比"两个字都没有提到，至于如何进行对比实验，怎样控制实验条件，实验中应该注意些什么问题，等等，都没有涉及。显然，这位教师没有抓住这节课的精髓，其根源就是没吃透教材。

五、有问题的科学问题

最近听了深入科学课堂，对科学课中的"问题"进行了一个专题研究，发现科学课中的探究之所以效率不高、程度不深，与"科学问题"的质量偏低直接相关。经过分析和提炼，目前科学课中的"问题"主要有以下几个方面的问题：

问题虚假，学生难于下手。比如"请同学们研究怎样保护环境"，这是科学问题吗？怎样研究，从何处下手？与其说是科学问题，倒不如说是思想品德问题，社会问题。如果这个问题改为"溪流上游清澈透明而下游为什么昏黄污浊呢"，就是一个小学生可以研究的环保方面的科学问题了。

问题空洞，研究的价值不大。我们的老师都很注重让学生自己提出问题，理由是可以很好地训练学生的思维，调动学生的积极性。自己提出问题确实是科学研究的本质内涵之一，但关键还要看问题是怎样提出来的，是教师问出来的，还是学生在实践中产生的？老师们一般都这样问学生："大家想研究什么问题？"学生的回答基本上都是"我想研究什么什么问题""我想研究什么现象是什么原因"等等，这些就是空洞的问题，是没有多大价值的问题，是学生随便提出的问题，学生知道这些问题也只是提提而已，是不会去研究的，于是"想研究"的问题越来越古怪、越来越奇特、越来越令人啼笑皆非、越来越不具有可研究性。真正的科学问题是学生在活动中产生的，而不是老师问出来的。

问题科学性低，缺乏研究的指向。"这棵树为什么长得特别茂盛"与"这棵树为什么在砂土上长得特别茂盛"这两个问题，前者科学性较低，后者科学性较高。树长得茂盛得原因很多，而"为什么在这块地上长得特别茂盛"实际上对问题的认识就深了一步，已经包含了一种因果关系的推测：可能与砂土有关吧。这就有了研究的指向，提高了问题的科学性。

问题太开放，不适合小学生研究。开放性问题含有多个变量，"这棵树为什么长得特别茂盛"就包括土质的好坏、光照的强弱、水源的多少、树种的优劣等变量，学生对这样的问题往往感到困惑，这样的问题不适合小学生研究。而"这棵树为什么在砂土上长得特别茂盛"就是一个封闭的问题，它只有一个变量：砂土。提出封闭性问题比提出开放性问题要难，回答一个开放性问题等于回答多个封闭性问题。教师要有意识地训练学生提出封闭性问题的能力，以及把开放性问题转变为封闭性问题的能力。

问题太多，研究不深入。经常看到这样的课，在学生提出一连串的问题之后，老师说"你们小组想研究什么问题就研究什么问题",实际上这是不可能的,即使研究了也是低效的。教师开放的理念无可非议,但开放不等于"想研究什么就研究什么"。研究的问题太多,材料要么不够要么缺乏结构,再多的问题也就成了摆设;研究的问题太多,目标就分散,研究就不深入,加上小组之间的交流也失去了可能,科学的概念就难于形成,研究就始终停留于感性的层次。

问题不突出,研究耗时低效。材料的结构要能突出科学问题,要尽量让学生从材料的结构上看出"明堂"(要研究的问题)来。比如看到电池、导线、灯泡这几样材料,就知道是要研究"如何连起来使灯泡发亮"的问题。如果把里面再放进铁钉、木块、马铃薯,学生可能就领悟不了要研究的问题了,也就是说材料就不利于科学问题的突出了。为了突出科学问题,有结构的材料一要干净简洁,能用三样材料说明的问题就绝不用四样材料;二是不要让材料的无关因素对学生发现科学问题形成干扰。比如上面的灯泡,如果为了激发学生的兴趣而刻意选择造型奇特、色彩艳丽的灯泡,那么学生的注意力可能就会转移到"研究"这颗灯泡上去了,这就干扰了对真正的科学问题的发现。

六、新课改中的"过于"

任何事情都有个"度"，如果把握不好这个度，那就有可能事与愿违。新课程改革使我们沉寂已久的课堂焕发出生机与活力，许多新的理念得到老师们的认可并予以贯彻实施。但在实施的过程中因为诸多原因却出现了较为普遍的"过于"现象。

（一）自主过于

自主学习是新课程积极倡导的一种新理念，其思想无疑是先进的，我们也确实应该尽最大的努力想方设法让学生"自主"。但是我们也不能不注意，学生毕竟是学生，是到学校来接受教育的，是需要受教育的一类人群。所以让学生完全自主那是不行的，那也是违背教育教学规律的。如果可以完全自主的话，那还要我们的老师干什么呢，还要教育干什么呢？一是不能什么事情都让学生自主，自主必须在一定的区域和范围之内。比如进不进网吧你让学生自主确定，家庭作业做不做你让学生自主确定，上课听不听讲你让学生自主确定等等,这显然是不行的;二是自主不能"上不封顶"，要适可而止，要恰到好处。比如我们看到不少老师让学生"你想怎么读就怎么读""你想读哪一段就读哪一段""你想怎么研究就怎么研究"……可是我们似乎忘记了我们面对的还是正缺乏分析、思考、鉴别与赏析能力的孩子，这种"你想怎么就怎么"真的行得通吗？我们看到的事实是"你想怎么读就怎么读"成了乱读，"你想读哪一段就读哪一段"成了随心所欲的毫无选择地读，"你想怎么研究就怎么研究"几乎成了乱整一通。想想我们自己读小学的时候，老师如果要我们"你想怎么就怎么"的话，我们肯定茫然不知所措，一头雾水，那简直是为难我们。我相信现在的孩子确实比我们那个时候聪明能干多了，但事实告诉我们，对于小学生尤其是对于低中年级的小学生来说"你想怎么就怎么"是不行的。"你想怎么就怎么"应该成为我们的一种教育教学指导思想，而不应该是一种具体的教育教学方法。自主必须遵循一定的规则，这犹如自由，不管你怎么自由，你都必须遵守法律法规，没有了法律法规，自由也就不存在了。

（二）合作过于

"合作学习"仿佛一夜之间便充斥于我们的课堂，使我们的课堂失去了应有的宁静。我想合作学习总应该表现出它的好处，比如在提高课堂效率、培养学生善于合作的习惯等方面，如果看不出什么好处那我们还要"合作"干什么呢？然而我看到的事实是，很多课堂中的合作不但没有什么作用，反而造成耗时低效。难道"合作"也错了吗？合作本身并不错，但是用得不好也可能成为一种错。合作学习的前提必须是"独立学习"，独立学习、独立思考、独立研究、独立分析并解决问题是一个人非常可贵的品质。如果什么事情动辄合作而抛弃独立，那么久而久之人类的大脑就可能退化，这对于民族乃至人类的进步是不利的。独立学习是应该放在合作学习之前的，什么情况下合作呢？合作是在独立解决不了、万不得已的情况下才去为之的。可是我们好多课似乎都忘了培养学生独立解决问题的重要性，问题一出来就让学生合作，这实在是失之偏颇。再说，并不是形式上坐到一起就一定合作了，也并不是不坐在一起就一定没有合作。我看到很多课堂中学生凑到一起真的只是表面热闹，实质上根本就没有真正的合作。他们不懂得什么是合作，为什么要合作，怎么合作，只是就那么凑在一起而已。所以合作是要有一些条件的，是有其独立的内涵的，我们不能肤浅地理解它。我这里实际上就说了合作学习的三个要素，一是合作的前提，二是合作的时机，三是合作的条件。

（三）探究过于

如果一切事情都要我们的学生去探究，那么人类历史将从零开始。这话听起来偏激，但我们的课堂上确实有这种倾向。好像一旦有什么事情不让学生探究就说明自己的教育思想教育方法就落后了似的，于是该探究也探究，不该探究也探究，好像探究成了唯一的学习方法。小学科学课上一位老师让学生探究什么是"毫升",你说这让学生怎么探究。探究我们需要,接受学习我们同样也需要,而且多数情况下我们学生需要的也都还是接受学习,关键看你是让学生主动接受还是被动接受,接受学习并不等于被动学习,并不等于灌输。探究的主要目的是培养、熏陶、磨砺学生和我们这个民族的探究意识、探究习惯、探究能力、探究精神、探究品质,并不是为了现在就让学生探究出更多的知识结论。所以我们的老师必须对探究进行探究,把握探究的"度"和"量",这样才可能让探究成为我们教学过程中的亮点。

(四)尊重过于

为了表示对学生的尊重,对人生命意义的尊重,许多老师在学生做错了事情之后也不去批评,在学生回答问题不正确的时候也去表扬"你真聪明"等,表现出一种无原则的尊重。而更多的学生就这样掌握了教师的软弱和教育的软弱,对"尊重"的需求和要求就更加"贪婪"和肆无忌惮了。人都需要尊重,处于自尊形成期的学生更需要尊重,但光有尊重是不行的,因为孩子毕竟是孩子,孩子处于"不懂事"的人生阶段。除了尊重,我们也还要有必要的惩罚,也还要有必要的批评,也还要指出是非好恶,否则尊重就成了放任自流,就会贻误后代,这反而成了最大的不尊重。

（五）赏识过于

赏识教育、成功教育固然好，但任何一种教育方法都不会百分之百的好。赏识过多过滥，学生就弄不清自己的言行举止究竟是对是错了，好像这个世界上只有对而没有错，只有好而没有坏，只有美而没有丑，只有善而没有恶了。我真担心长此以往这样下去，我们的后代还能不能正确认识自己，还能不能形成健康健全的人格，包括心理和思想。教育学生需要赏识，也需要实事求是；需要成功，也需要失败。课堂上，老师喊学生朗读课文，说实话这个学生读得真不怎么样，但老师却对她大加赞赏：你真棒，你读得太好了，大家鼓励她。于是全体学生喊：嘿——嘿——你真棒。喊"嘿嘿"时还边击掌，喊"你真棒"时就竖起大拇指。就像良药苦口利于病一样，在孩子成长的道路上同样需要失败，我们也不可轻视"失败"的意义。今天的老师应该具备为学生制造"失败"的本领。在充分应用成功教育的同时，我们真的有必要来点"失败教育"了。

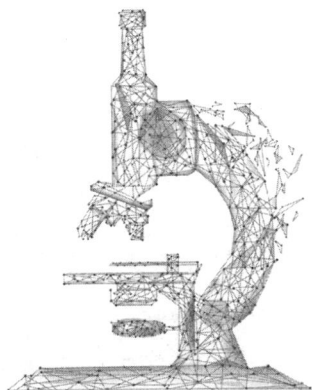

第三章　生本是科学课的标尺

一、科学课改中的几个问题

为检阅课改十余年后的小学科学课堂,总结科学课改得失,重庆市巫山县适时举办了全县小学科学赛课活动。总的来说,老师们都能有意识地抓住"探究"这个魂,都能有意识地"放手"让学生动手。但也暴露出的一些问题。

(一)观念问题

观念的获得是一个漫长的内化过程,绝不是把"观念"记住了就行了。有些事情看起来是小事,但折射出的是大观念。有位老师问学生"摸一摸锅铲,是不是有滑滑的感觉啊?"这看起来是老师给学生提的一个问题,实际上呢?是一种包办。因为学生一摸甚至很多学生没有摸就异口同声地吼道:"有"。为什么呢,因为你的问题是一个假问题,你的问题里实际上就包含了"有滑滑的感觉"的答案。还有,当学生提出很多"想"研究的问题之后,老师指着一个"问题"说"我们就来研究这个问题好吗",有哪个学生会说"不好"呢?这看起来是尊重学生主体,实际上是一种臆断。实验报告单弄不好也会束缚学生的探究，比如《溶解的快慢》中老师给学生的"检验搅拌（温度、捣碎）能否加快溶解"的记录单是这样的：

实验目的	检验搅拌能否加快溶解		
实验条件	烧杯一	水量（相同） 水温（相同） 加入红糖的量（相同） 加入红糖的时间（相同）	是否搅拌（搅拌）
	烧杯二		是否搅拌（不搅拌）
实验现象	搅拌		不搅拌
	快（　） 慢（　）		快（　） 慢（　）

显然，这种记录单不是在促进学生探究而是"阻止"了学生的探究。学生一看就知道应该在括号里填"相同"，更要命的是这实际上就把实验时所有必须"一样的条件"都一股脑儿告诉学生了，所有学生都失去了思考和探索"哪些条件必须一样"的机会。最好的办法其实只需要老师在表中写上这么一句话，即"相同的实验条件有……"就行了，什么"水温、水量、加入红糖的量、加入红糖的时间"都应该统统去掉。右侧也应该只有"改变的条件是……"这么一句话，什么"是否搅拌"等也应该统统去掉。这才是具有促进学生探究的开放性的记录单。老师们还要认识到，并不是所有问题都一定要启发学生自己得出，有些老师拼命地一句一句往下问，不惜花去大量时间去"启发"。当启而不发的时候，老师就应该另辟蹊径。比如《声音

是怎么产生的》中，老师问"我们看到敲锣的人都要敲一下按一下这是为什么呢"，很多学生都没有答对这个问题，而老师依然不断启发……其实，把这个问题交给学生讨论一下不就迎刃而解了吗？为什么一定要将"启发"进行到底呢？

（二）材料提供的适时性问题

材料结构的重要性我们都明白，但材料除了结构的重要性外，还有其他很多东西也不能忽视。比如另一位老师上的《声音是怎样产生的》，整个课堂基本一团糟，无论老师怎么声嘶力竭，学生基本不予理睬。老师的课堂设计等其实也没什么大问题。问题出在哪里呢，就出在老师给学生提供的材料不适时。老师把小鼓、皮筋、钢尺、音叉等器材上课前就全部摆在学生的课桌上，学生的注意力和强烈的兴趣全部被这些器材吸引过去了，学生必然去"玩"这些东西（当然我们也可以从中得到另外的启示，兴趣是多么重要，兴趣真的是最好的老师）。处理这个问题有三个办法，一是重新收回所有器材，需要的时候再分发；二是将所有器材全部放到桌子盒里面，什么时候需要什么再取出什么；三是如果不愿意采取上述方法，那么老师就必须采取更具吸引力的办法，把学生的兴趣转移过来，当然这很难。

（三）研究"前后"的研究弱化问题

这是什么意思呢，第一个"研究"是指学生动手的分组实验研究，一般可以是课堂的重头戏，占据的时间相对较长，老师都重视这个"核心"环节。但对于学生动手实验之前和动手实验之后的研究也就是上面那句话中的第二个研究活动很多老师做得不深不透，原因可能是在思想上轻视了研究"前后"的研究。比如动手之前的实验方案的设计，动手之后的信息处理等，很多老师都有必要在这些方面下功夫，要力争把这些环节做得淋漓尽致，这样的科学课才是有科学味的科学课，有板有眼的科学课。比如《形状与抗弯曲能力》一课，学生在做"形状与抗弯曲能力"实验之前，老师就应该让学生充分设计实验方法，并让学生陈述实验方法，在学生陈述实验方法的时候，其他所有小组的学生都应该认真倾听，然后评价、修正该小组的实验方法，并发表自己不同的观点。当学生共同把实验方法"研究"得十分透彻之后，再要求学生"预测"实验中应该注意的问题。要让学生充分地预设，这不仅仅是一种想象能力，更是一种研究能力的培养（也要启发学生在预设中相互碰撞和讨论预设的可靠性）。比如在实验中垫圈必须轻轻地放，垫圈应该从中间逐步向四周放等，都应该由学生在老师的引导下"预设"出来。这样，研究"前后"的研究才是真正的研究，这样的科学课才是有"科学味"的科学课。

（四）钻研教材不够的问题

教材无非是个例子，但教材是极为重要的例子，除非你不用教材这个例子而是用别的例子来达成你的教学目标。所以毫无疑问的是教师必须深入钻研教材。《拱形的力量》中，学生用书本抵住拱足检验了纸拱的承受力之后，老师问学生"还有什么办法让这个拱承受更大的力"，学生说"多加书"。学生的意思是增加抵住拱足的力。这个时候老师在追我"他的办法可行吗""还有其他的办法吗"之后，必须引导学生思考"增加书本的时候应该注意什么问题"或者"做这个实验的时候应该注意什么问题"，因为这实际上也是对比实验，是将增加书本后纸拱的承受力和增加书本前纸拱的承受力进行对比，不断增加书本不断地与前面进行对比。对比实验的关键是什么，关键是控制不变的因素，比如实验中纸拱的跨度不能变，纸拱两边增加书本的厚度必须一样等等，这样才可能将"承受力"进行对比。可是老师没有吃透教材的这个内容。另一个老师上《溶解的快与慢》，完成这个内容的核心方法就是对比。在搅拌与不搅拌、颗粒的大与小、冷水与热水的对比实验中对比出"快"与"慢"。可是一节课下来，老师连"对比"两个字都没有提到，更不必说怎么做这些对比实验,怎样控制哪些相同的实验条件，实验中应该注意些什么问题等,显然，没有抓住这节课的精髓，课成功不了。其根源就是没吃透教材。

（五）交流的单向性问题

课堂交流应该是多向的，师生之间、生生之间、小组之间等，尤其是有效的小组内交流更是科学探究的重要保障。但是，本次赛课中有不少老师忽视小组内的交流和讨论，这或多或少削弱了研究的味道，也就是科学课的味道。相反，这些老师却在师生单向交流上"用足了功夫"。主要表现形式是一问一答，对一个问题反复追问一个学生，或对不同的学生反复追问，而且在追问的过程中不给学生思考的时间，也不顾及其他学生的反应，其他学生说话也好打架也好，好像与此时此刻的"交流"无关，这就让单向更纯粹化。过度的单向交流，让科学课堂耗时低效，失去了科学味。

（六）分组实验和演示实验的关系问题

并不是任何时候分组实验都优于演示实验，当演示的效果优于分组时就要演示。上《声音是怎样产生的》，老师想了很多办法让学生做了很多实验，目的就是想让学生亲眼看到"声音的振动"，但效果并不理想，学生始终也没有清晰地看到"声音是由振动产生的"。即使每个小组都做了音叉实验，但因学生的操作和观察等原因，依然效果不佳。其实，老师只要做一个演示实验就可以让学生清晰地看到"振动"：将装有适量水的玻璃水槽放在实物投影仪上，将敲击后的音叉的一端与水面接触，学生就可以从大屏幕上清晰地看到"振动"。

根据本次赛课暴露出的其他问题，提出如下一些建议。

老师要有自己的探究经历，尤其是要求学生在课堂中做的实验，老师一定要自己在课前先做一遍或多遍，在自己的亲身探究中预设出更多的"可能性"，这样对学生在课堂中的探究才可能更有"指导力"。

1. 要精心设计和研究出有结构的材料，要知道有结构的材料是深钻教材（教学内容）的结果，有结构的材料不是教材给的，也不是照搬照抄的，而是自己研究出来的。如果学生望着材料不感兴趣或无从下手或研究不出结果，那多半是你的材料有问题。有结构的材料还要"有结构"地使用，包括材料提供的时机性、程序性、简洁性等。你把烧杯旁边放一根玻璃棒，学生自然就情不自禁地要用玻璃棒在烧杯里去搅，这能怪学生吗，毕竟是缺乏自控的小学生。

2. 教师要尽量少说话，把时间让给学生，让给学生去说，去思考，去讨论，去研究。有的老师说话太多，比语文课的老师说话还多。这就不是科学课了。

老师们，探究需要经历，但不是经历了就成功了。有意义的经历才是成功的经历，具有研究含量的经历才是成功的经历。有的老师简单理解"经历"，说一句"开始实验"就什么也不管了，因此很多"经历"看似很有氛围，实际缺乏研究的内涵。科学课有这样简单吗？可以这么说，科学课水平的高低在很大程度上取决于学生"经历"的质量。再举个小例子：《我们周围的材料》一开始老师就指着自己带的一个大包说"请同学们猜猜我这包里装的什么材料"，你让学生凭什么猜呢？一点依据也没有。学生猜里面装的是核武器也未尝不可。猜是需要动脑筋的研究活动，而你的这个猜是不需要动任何脑筋的，所以你的猜不是猜，是瞎说。如果把问题改为"怎样才能知道我这包里装的是什么材料"，那么同学们就可能想出很多办法了，这就可以让学生经历一个真正的猜想的过程了。

3. 学生的探究不能太顺利，不能没有一点问题，一点问题都没有的探究很可能是伪研究。真正的研究怎么会不遇到问题呢？即使不遇到问题，老师也要给学生制造"问题"，这样的研究才更有意义，更能训练学生的研究能力。探究中生成的问题往往是很有价值的资源，可以使研究更加深入。还必须明白，探究是一种思想，不是一种固定的模式和程序，只要是有效的探究，什么模式都是好模式，什么结构都是好结构。探究有好坏，模式没有好坏。

二、拯救小学科学实验教学

《人民教育》2008 年 3 — 4 期刘诗海老师的《当前实验教学应关注的几个问题》我是越看越激动，越读越心潮起伏，读完，热血澎湃。我是一名基层小学科学教研员（以前是自然教研员），不可避免地要经常和小学实验室打交道。我非常惊讶，该文指出的中学实验教学存在的问题与我们这儿小学实验教学存在的问题太相似了，而这些问题又得到了《人民教育》的关注。同时令我感到奇怪的是，为什么中学的实验教学也会存在那么多的问题呢？但是，与刘诗海老师论及的问题相比，小学科学实验教学还有"更胜一筹"的地方：城区几所小学各有一间学生实验室，然而，学校基本上是 40 余个班 3000 余名学生的办学规模，可想而知，仅有的一个实验室怎么可能不形同虚设，怎么可能不只能是接受上级检查或上公开课时作作秀而已。而大面积的乡镇完全小学，目前实验室基本没有了，要么做了教室，要么做了杂物间等等。少数学校目前虽然还有实验室，但也都形同虚设。至于村级小学，从来就没有过实验室。

实验教学在枯萎。我在教师和学校领导中广泛调研过，他们认为小学科学实验室及实验教学的衰败，其根本原因是考试评价力量的急剧弱化。碍于素质教育和课程改革的强大"势力"，我一个小小的基层小学科学教研员不敢说"还是应该考试"，但我真的不明白，为什么明明考比不考好而又不能考呢？我们多年的实践证明，只要考得得法，未必就会增加学生的负担，学生反倒会因为考查、考试而对实验探究产生浓厚的兴趣，因为老师迫于考查、考试的要求不得不引领学生至少把书上的实验尽量做完，而实验又恰恰是学生最感兴趣的学习方式。

怎样拯救目前的小学实验教学？请允许我说几点个人观点：

1. 恢复对学生的实验操作考查。我们搞了多年的小学实验操作考查终于中断了，我很想说这是小学实验教学的一大损失。想当初都是由县教委发文，统一组织几个考查小组，亲自对各校的学生实验进行面对面的操作考查，或由教办和学校自行组织，教委进行督查巡视。尽管在考查的过程中发现还有一些待完善的地方，但事实证明考比不考好得多，谁也不可否认当初的实验考查有力地推动了我县的实验教学。事实同时更加雄辩地说明，只要不断地改进考查的方式方法，实验考查是不会增加学生负担的，实验教学更是不会增加学生负担。实验教学除了培养了学生的探究精神和实践能力而外，我们暂未发现有什么坏处或副作用。

2. 恢复对实验教学内容的调研。多年的事实和经验说明，实验教学是可以考试的，比如考实验方案的设计，考实验现象的分析，考怎样控制对比实验的无关因素等等。老师们说，因为试卷上实验内容要占相当的比例，所以他们不得不带领学生完成课文中的实验。这表面上虽然带有完成任务的成分，但其促进实验教学的作用是显而易见的。

3. 恢复实验室。"普九"之前，在学校房屋很紧张的情况下，实验室很有生命力，谁也没能将其"挤"掉。而现在房子相对丰富了，实验室却几乎没有了。教育行政部门有必要高屋建瓴地采取硬性政策恢复学校实验室和实验室建设，做到违者必究，以保证"耕者有其田"。

4. 对实验教学进行督导和评价。教育行政部门、教仪站、教研室等部门应加强对实验室建设、实验教学的巡查和指导，在这种"非常"时期可以组建实验教学督导组，定期和不定期对学校的实验教学进行督导。在年终教育评估时，应将实验教学纳入评估项目，并加大评价权重。

5. 科学教师必须专职化。现在已经基本上有这个条件了，可以将科学教师专职化了。只有科学教师不职化、素质化，实验教学才能越办越好。

三、对科学课堂教学语言的研究

如果我们把科学课中教师的语言进行一个专题研究，便不难发现，在大量的科学课堂中，教师违背科学的语言比比皆是，概括起来，主要有以下几个方面：

（一）"这是为什么""请大家再想一想"之类的语言充斥课堂

通常情况下，这些语言并没有什么错，但根据学科特点深入分析，这些语言如果超过了数量上的"度"，就偏离了科学课的内涵要求。小学科学课，尤其是小学低中年级的科学课，应该以观察、动手、记录、获取证据为重点，而不应该把时间过多地用在解释、想象和主观阐述上，也就是说一定要在学生头脑中打下"客观"的烙印，逐步形成无意识地用事实说话的习惯。我们应该这样去追问学生："你是怎么知道的？""证据呢？""你的根据是什么？"等等。因为缺乏足够的观察、记录的解释免不了推理和想象，而带有推理和想象的解释是不令人信服的。我们的指导思想应该是，把重点放在让学生充分

经历探究（过程、记录、统计等）的过程上，让学生在探究的
过程中获得充分的、理性的证据事实，然后再水到渠成地去解
释和阐述，而不是轻而易举地就去解释或阐述什么。所以科学
教师在什么时候使用"为什么""再想一想"之类的语言是有
讲究的。在使用这些语言之前，一定要想一想，学生有足够的
证据了吗？如果没有，就要促使学生去"找"证据，先不要忙
着解释或得出结论。如果学生的回答有诸如"我想应该是……"
之类的语言出现，那么教师就应该立即用"是你想吗？根据呢？"
等语言给予纠正。

（二）"你真棒""真聪明"之类的语言不绝于耳

这些语言是对学生的鼓励，教师的用意是好的，但科学课
上这类似的语言不宜提倡。为什么，因为这些语言是主观的，
是明显带有个人感情色彩的，有失客观和科学内蕴的要求。科
学课上的激励只能就事论事。比如"某某又发现了一个什么现
象""某某又观察出了一个什么特点""某某的回答很有根据""某
某制作的电磁铁吸引了 18 颗大头针"等等，就是很好的激励语
言。这些语言能将学生的动力推向对科学本质的进一步探究，
对所有的学生都有激励和价值指向的意义，而不像"你真能干"
等非理性的激励仅仅使学生停留于沾沾自喜。科学课对学生的
激励必须具有科学课的特点，这不仅是科学教学和科学探究的
需要，更是对学生进行科学态度和科学精神熏陶的需要。

（三）"也许""可能""根据本节课的研究"之类的语言几乎绝迹

科学课上的结论很多时候是不肯定的，是带有不确定因素的，尤其是在数据资料、事实根据不充分而又需要得出一个结论的时候，就必须实事求是地使用"也许""可能""根据本节课的研究""根据某某同学的研究"等等之类"准确"的语言，这是科学性质和科学精神的"刚性"要求。比如我们研究了"水有热胀冷缩的性质"后，就不能得出"液体有热胀冷缩的性质"的结论，而只能进行"也许液体都有热胀冷缩的性质"的有一定根据的推测，根据内容要求，可以再持续研究下去；张三研究得出"磁铁两端吸力最强"，就只能得出"根据张三的研究磁铁两端吸力最强"，而不能得出"磁铁两端吸力最强"的结论。

（四）"同学们想研究什么问题""大家鼓励他好吗"之类的语言耗费时间

科学课中教师的语言太多也是有悖科学课特点的表现。科学课中教师的语言要精练，少一些开场白，少绕一些弯子，应该把大量的时间留给学生去"真刀真枪"地干。要尽快地让学生进入研究状态。很久没看到一开始就进入研究状态的科学课了。兰本达著《小学科学教育的"探究／研讨"教学法》中的课例"里面是什么"是这样开头的：

"你们猜这里面是什么？"

"你是怎么知道的？"

"你为什么这样想？"

"谁还有别的什么发现吗？"

这四句话代表四个意识过程，第一句是猜想，第二句是方法，第三句是证据，第四句是寻找更多的证据或修正自己的解释。这就是上课一开始就引导学生实施研究过程的课。这么多年了，教师的语言为什么少不下来呢？主要原因一是对学生的不"信任"，总是低估学生；二是学生的探究学具缺乏结构性。学具缺乏结构，学生的探究自然低效，教师就只有用"语言"来"声嘶力竭"地帮忙，于是话就多了。南京大学张红霞老师说："如果你觉得不讲话、少讲话没法上课的话，就说明你的学具没有足够的结构。"一般来讲，在活动时如果孩子们盯着你，而不是盯着学具，一是说明你的学具有问题，二是可能你的科学问题不明确。

四、科学课堂的"生本高效"

关于科学课堂教学,"生本高效"是目前很热门的一个词语。

我的一个同事是在一线从事教育教学工作15年后到教研室从事教研工作的,他的儿子在读小学四年级。几乎是每天下午他就给儿子打电话,电话内容就是问儿子饿了没有、想吃什么、想吃什么爸爸下班了就去给你买、晚饭想吃什么爸爸就做什么给你吃等等,这是一个内容。另一个主要内容就是对儿子的作业进行详细的电话辅导。而且儿子前几天跑到办公室来玩的一幕真叫我心里不舒服:儿子要去买一块钱一包的麻辣豆皮吃,同事说那个不卫生,不能吃,上次就是吃了那个就肚子疼。可是儿子非要同事给钱自己去买,尽管同事苦口婆心讲道理,儿子不但不听反而号啕大哭,不达目的不罢休。最终还是同事屈服了,儿子用哭的手段达到了目的。同事为了抓住教育的尾巴,说那你要答应以后不再买这个东西吃了。儿子哭着反驳道,你给我定一条规矩我也要给你定一条规矩。同事说,什么规矩,你说。儿子说:就是你以后不允许我不买这个东西吃。我在旁边真是哭笑不得。儿子买麻辣豆皮小包去了,同事说:没办法,他说我和他妈妈做的饭菜不好吃，他有时候就闹，有时候干脆把碗一推就走了，其实我们也是他想吃什么就弄得什么。"同事与儿子"的故事虽不是发生在课堂，但和发生在课堂又有什么区别呢？我接着同事的话说了一句：现在是把碗一推就走了，以后就是把碗一砸就走了，再以后就是把桌子一掀就走了。现在他想吃什么你们就做什么，以后他想要月亮你们也要给他摘下来，你那么详细的电话辅导还不如你亲自为他完成作业。同事似乎明白了我的弦外之音。同事说，其实我也是想做到以人为本呢。

究竟什么是以人为本，对教育者来说也就是究竟什么是以生为本？以生为本就是无原则地迁就？无止境地退让？就是将教育的意义放弃？就是将成长途中的困难全部为其扫清？同事如果是干其他工作的倒可以理解，问题是他是多年的教师而且现在是专门从事教育研究工作的，这就真的有些不好理解了。一个教研员尚且如此理解生本，那么我们的教师呢？

"生"有多种意义，但放到教育当中，应该理解为向上生长也就是发展的意思；"本"即是树根向下生长（木字加一横为本，木为树，一横则为土地），也可以理解为发展的意思。向上生长离不开向下生长，向下生长是为了更好地向上生长。也就是"生"离不开"本"，"本"离不开"生"，"生""本"相互依存而存在。所以"生本"在教育中的准确意义应该是"全面发展"，即以学生的全面发展为根本。以学生的全面发展为本就要做到给学生提供越来越正确的学习环境，相信、尊重、依靠学生，用心呵护学生与生俱来的好奇心、质疑精神、探究需要、创新本能以及其他美好的人性等，使学生真正得到成长，获得未来。同事对待孩子的方法就不是生本，而是"生病"。因为他不但没使孩子得到健康发展，而且让孩子走向发展的反面。要知道，发展是一个积极的、正面的、充满阳光的词语，发展始终是"正确"的。

我总习惯于只说生本，而不习惯于说高效或者生本高效。我认为生本了就高效了，越生本就越高效。因为我们所说的高效是教育中的、三维达成中的、发展过程中的高效，所以越生本就越高效，生本了必然高效。这是**其一**。**其二**，高效是生本前提下的高效，不是孤立的高效。没有生本就没有高效，或者说没有生本的高效是片面的、甚至是虚假的、错误的高效。也可以说，没有生本就没有高效。我们可以说生本课堂，起码也应该说生本高效课堂，但不能说高效课堂。**其三**，说高效往往会引起老师们的误解，认为学生得到的知识越多就越高效，甚至是老师给学生的知识越多越高效。有一句看似正确实则有问题的话一直影响着我们，那就是"单位时间里获得的知识越多效率越高，即效率 = 知识 ÷ 时间"。从人的发展角度讲，生本前提下的高效绝不仅仅是指知识，还包括能力、智慧、精神、态度、体验、感悟等等。生本高效是发展的高效而不是知识的高效。所以我们应该有"生本必须抓，高效抓正确"的理念。

还有，人们往往喜欢把提高速度、加快进度等和高效联系起来，其实这也是不对的。我生怕一提高效就因此而产生加重师生负担的现象产生。加重负担是不符合人的发展规律的，是反发展的，无论是对学生还是对老师都是如此。高效必须遵循人的成长规律，高效应该是"适合的速度"、正确的速度、科学的速度。就像人跑步，过于快了就要摔跟头。教学中的高效应该是"最恰切之效"，是恰好在人的最近发展区上开出的花朵。不恰切之效就是低效或者无效（过于高效）。教学中的高效其实和舒缓、悠闲、从容并不矛盾。

所以，还是多提生本、少提高效和生本高效为好。

五、浅析科学课的"难教"

在拿到青岛版科学教材而还没有具体实践操作的时候，我和我们的教师都感到青岛版教材很难教。每篇课文从头到尾全是一个接着一个的活动，如何组织得了；教学过程过于开放，老师们感到束手无策，无从下手；教材上几乎没有什么文字，尤其是没有结论和规律性的东西，我们到底教什么……然而在教学一段时间后，老师们的感觉就完全不同了，我和老师们都感到如释重负。

（一）科学教材并不像我们想象得那么难教

老师们说原来科学课并不像我们想象得那么难教，有时候甚至感到比自然课更轻松。为什么感到好教，老师们认为，**一是教材的程序好把握**。青岛版教材"模块化"的结构使之线条清晰，过程明朗流畅，易于把握，容易"上路"；**二是教材的知识难度不大，不"刻意"追求"完美"的科学结论**。这也是教材"开放性"的体现。允许结论的多样性，允许对事物有不同的看法，允许个性化的解释。教材不刻意追求某一个僵化的结论，对于教师树立"科学教育是给学生留下经历而不是知识结论"的观念十分奏效。教材上没有统一的结论可追寻了，老师们不得不把着眼点放在过程上。这对于老师们来说似乎是一种解放，被知识捆住手脚的绳索好像已经断开。而学生也陡然变得心花怒放，自由驰骋。走出知识的繁难偏旧，重在过程，这也是科学教材的一个突破；**三是教材的意图好领会**。老师们认为科学教材的编写意图显性化，易于领会，一般不会"跑题"。比如三年级上册第一单元实际上就是通过《玩具里的科学》《我们身边的植物》《我们身边的动物》等6篇课文的教学，让学生感到"科学就在我们身边"这个单元主题。而具体到每一篇课文，如《玩具里的科学》就是通过"玩玩具""说玩具""提问玩具""设计或改进玩具"等系列活动让学生真切地感到玩具里确实有科学存在就可以了；**四是学生兴趣浓厚**。学生越有兴趣，老师教起来当然就越轻松。科学课的课堂总显得那么活跃，学生的兴趣总那么高涨，与自然课堂比较起来，有了很大的变化。老师们认为学生之所以很有兴趣，与教材的开放性有关，与教材不死抠知识结论有关，与教材从学生生活经验出发的编写体例有关。教材成功地做到了"呵护儿童与生俱来的好奇心"，为教师的教和学生的学建造了轻松愉悦的探究环境。

（二）"材料"并不受"城市化"的限制，条件不好的地方完全可以因陋就简，使课程资源本土化

起初，老师们认为青岛版教材是完全城市化的，大量的研究材料对于我们农村的孩子简直望尘莫及。但通过课标及教材的培训，尤其是具体实践科学教材之后，老师们的这种顾虑打消了。而且老师们也从材料的选择这个层面进一步领会了"用教材教而不是教教材"的含义。比如《玩具里的科学》一课，学生们准备的玩具真是五花八门，完全不受"活动准备"的限制。学生带来的是自己熟悉的玩具，因此研究起来就更有"底蕴"，更有兴趣。老师们说，教材真的只是一种提示，要让孩子们得到发展，还真不能照本宣科。有的老师说得更深入浅出：材料就在我们身边，而不在教材上。新课程改革，使我们的老师越来越"自由"了。

（三）科学教学课堂的开放性，决定了科学教学过程的生成性，也充分地演绎着科学课堂的不确定性。所以科学探究的过程我们只能预测而不能规定。

从课时上看，再以《玩具里的科学》为例，有的老师用了两课时，有的老师用了三课时，然而如果按照教参的要求却只有一课时。这一方面说明科学教学过程的生成与不确定性，另一方面也说明老师们走出了教参的束缚，在教材的处理上具有了主动性。有的老师在备课时就把教学过程预设为两课时，即

"玩玩具"和"说玩具"为一课时，"针对玩具提问"和"改进或设计玩具"为一课时；有的老师发现学生在"提问题"和"改进设计玩具"部分情绪特别高涨，思维特别活跃，特别具有持续探究下去的势头，于是老师充分尊重学生的主体性和科学教学的学科特点，又随机决定增加一课时而将整个教学过程恰到好处地扩展为三课时。而按照新课程每周三课时的课时量一学期就有六十余课时的课时总量计算，其课时的弹性空间也是很大的；有的老师为了培养学生的探究能力，呵护儿童的探究兴趣，对探究中产生的新问题舍得花时间让学生深入研究下去。一位老师对学生提出的"轮胎上为什么有花纹"的问题引导学生持续研究了近 20 分钟，学生们的猜想甚至用生活实例进行验证的过程真是让人激动。理解并实践课标理念，以青岛版教材为起飞的平台，在"科学素养"的天空展翅搏击，这是我们追求的目标。

老师们在实践中也遇到了一些难以解决的困惑。目前两个最大的困惑，**一是超大班额给新课程改革带来了极大的困难和阻力**。老师们说，80 几人的大班额叫我们怎么"面向全体"，怎么让所有的学生在科学探究的过程中都留下经历，怎么可能搞好学生的个性化发展，又怎么可能把课堂组织得井井有条而又不失科学研究的氛围。确实如此，再以《玩具里的科学》为例，因为班额过大，加上学生带的玩具很多，整个课堂就显得乱了，有的甚至乱得一团"麻"。学生只顾玩玩具去了，老师纵有三头六臂也难易扭转局面。如果学生带的玩具很少甚至仅老师带而学生不带，那么学生的体验又会不够，对学生的后续研究又会造成损失。因为班额过大，就可能滋生一些类似于此的矛盾；**二是考试怎么办**。老师们说，我们可以按照新理念来教学，学生也可以按照新理念学习，但上级对学生的考试怎么办，考什么，怎么考？对教师的考核又怎么办，怎么认定？

六、校本教研：以课为本

摘要：究竟应该营造一种什么样的校本教研文化，用一种什么样的教研文化让教师"沐浴"其间？校本教研的核心在课堂，落脚点在课堂，课堂的成败决定课改的成败。事实也证明我们学校几乎所有的教研活动，都是在围绕课堂这个中心旋转。校本教研的精髓应该是"以课（堂）为本"的教研。怎样实现"以课（堂）为本"的校本教研目标，营造"把课挂在嘴边"的校本教研文化是有效的途径。

关键词：营造　嘴边　校本教研　文化

在教师专业成长空前重要的今天，究竟应该营造一种什么样的校本教研文化，用一种什么样的教研文化让教师"沐浴"其间？笔者认为，校本教研的核心在课堂，落脚点在课堂，课堂的成败决定课改的成败。事实也证明我们学校几乎所有的教研活动，都是在围绕课堂这个中心旋转。所以，校本教研的精髓应该是"以课（堂）为本"的教研。怎样实现"以课（堂）为本"的校本教研目标，实践证明营造"把课挂在嘴边"的校本教研文化是有效的途径。

（一）用"说"去牵引

这里的"说"指的是上公开课之前的说课。上公开课之前必须说课，但很多学校却忽视这个环节，然而这个环节不仅与教研活动的质量直接相关，而且对营造"把课挂在嘴边"的校本教研文化能起到有力的牵引作用。我听过不少的说课，感觉目前说课的问题比较大，主要毛病在以下几个方面：**一是挖掘教材不深**。说课的基本环节是说教材，说教法，说学法，说教学过程设计，当然其他的也可以说，但这四个方面必须说透。可是在说教材这个环节，基本上没有老师把它说透过。都只是泛泛而谈，点到为止地说说本单元在本册中的地位，教学重难点，教学目标等，这些在教参上摘抄而来的东西，文字大都空洞而枯燥，且在老师们整个说课材料中占的篇幅太少，而这部分内容恰恰应该是很丰盛的。为什么说不深说不透，根本的原因是教师没有真正花功夫钻研教材，或者说不会钻研教材。在"教材只是一个例子一个载体"的新课程理念下，不少的老师好像找到了"没必要钻研教材"的理由似的。我以为如果把此作为我们不认真钻研教材的理由（其实我们在任何时候任何情况下都没有任何理由不认真钻研教材），那是大错而特错的，也是十分危险的。是的，教材只是一个例子一个载体，但你不把这个例子钻研透彻，你又怎么知道这个例子"载"的是课程标准中的一些什么，是怎么载的，为什么要载这些东西，你又通过一些什么办法把这些东西载进学生发展的旅程中呢？所以新课程实施中，我们更应该静下心来，老老实实地钻研教材。比如说教材的编写意图问题。理解编者的意图是理解教材的支点，是理解教材的一把利剑。可是又有几个老师真正去深入地钻研了编者的意图，又有几个老师真正领会了编者的意图呢？不是说我们就应该绝对地按照编者的意图去施教，但这是我们把教材读懂钻透的重要指标。我们更应该把自己当成编者，按照自己的思路和思想去理解教材，深入地理解教材。其实对教材有自己独到的见解是一种较高的境界，是优秀教师必备的素质。我们的说课，因为是公开的，示范的，说课者对教材就必须要有自己独到的见解和分析，以便给听课的教师以方法和思想上的导向。再具体一点说，又怎样去理解编者的意图呢？比如说一篇小学科学课文，它的内容呈现为什么是这样一种顺序而不是那样一种顺序？某个内容点为什么是这样的呈现方式而不是那样的呈现方式？它的这种呈现顺序和方式是最好的吗？有什么问题没有？如果我来编写这篇课文，我会采取什么样的顺序，什么样的方式？结合我自己的实际和自己学生的实际如果我的顺序和方式教学效果可能会更好，那么我就应该将教材的顺序和方式进行一些优化处理，有效地利用好"这个例子这个载体"，等等。**二是教法学法说得不具体。**老师们说教法时基本上都是说的什么观察法、讨论法、演示法等，说学法时都是什么自主、合作、探究法，练习法，阅读法等，都是宏观而原则的方法，"放之四海而皆准"的方法。应该怎么说教法学法呢，那就是要把这些方法和具体的教学内容结合起来，和具体的教学情景结合起来，这样说的教法学法才有意义，也才不会千篇一律。比如你说观察法，你就应该说在这篇课文中结合具体的内容为什么要用观察法，结合具体的内容怎样使用这种方法，通过观察什么达到什么目的等。因为你这是说课，说课就要尽量说得细致、具体，尽量说得具有深度，不仅要说"是什么"，更应该说"为什么"，这样说的"教法学法"才有理有据，生动"有物"，才会感染"听众"。**三是说"过程"的方法不对。**说教学过程不是让你把整个备课教案宣读一遍或把教学过程重要环节和程序陈述一遍，很多老师整个说课中把大部分时间用在"读"教学过程或者说是教案上去了，这就犯了方法上的错误。应该怎么说过程呢？对过程的设计只能概括性地说，主要篇幅应该说你的设计思想、设计理念、设计根据和设计意图等，包括整体设计，每一个环节的设计，每一个教学行为的设计等。比如你的课堂导入为什么要采取这种方式，为什么要创设这样的问题情景等等。也就是说，说"是什么"应该是简洁的，说"为什么"应该是透彻的。

（二）用"评"去促进

这里的评主要是指公开课之后的专门的评课，是一种对课堂教学的正式评价。这种评课是优化和深化课堂教学的重要环节，对"把课挂在嘴边"的校本教研文化的形成可以起到有力的促进作用，也可以为后面的"谈""论"做出方法上的指导。其作用是不仅让老师们学会怎样评课，也促成老师们慢慢形成评课的职业习惯。前者是后者的基础，后者是前者的发展。所以，评课应该是一种群众性的活动，应该调动所有听课教师的评课积极性，让他们都敢于积极地评，逐步发展到善于积极地评。而现实情况的评课却大都是"你说我听"式的，即经常都是由一个人或者极少数几个人评课，其他老师都处于"逆来顺受"的地位。久而久之，老师们就没有了对所听的课进行积极思考的动力和压力。这样老师们的课堂教学、听课、评课等专业水平就会长期得不到应有的发展，"把课挂在嘴边"的校本教研文化也难以形成。怎样让老师们个个都能开口，人人都能各抒己见、畅所欲言呢？我认为应该采取**"导管"相结合的办法逐步达成这个目标。首先要引导。有的老师态度消极是因为没有认识到评课的作用及价值，不愿评课；有的老师则是因为不知道评课的方法和艺术，不会评课。所以应该从态度和方法两个方面对教师进行引导。比如有的学校在评课的基本要求（方法）上就有这样的引导：挖掘一个亮点，指出一个缺点，提供一个金点（金点子，即建议）。这就是具体的、完全可供老师们即学即用的引导，这种操作性极强的引导可以有效地把老师们引导到敢评课并逐步会评课的路上来。除了导以外，还必须施以一定的管。这种管可以是激励的，比如举办专门的评课比赛等；也可以是制度的，比如对那些硬是"金口"难开的老师就可以**

通过制度将其"逼"上路。

教师之间相互听课以后也应该评课。授课人应该主动请听课人评课，做到谦虚谨慎，从中获益。听课人也不能听后一走了之，必须要有所建议，这样不仅是尊重授课人的劳动，也可增加自己听课时的责任感。

（三）用"谈"去营造氛围

学校领导必须认识到"把课挂在嘴边"的校本教研文化的重要价值，并有意识地用行动、办法和智慧去培育，用"说课""评课"等具体活动去引导和促进，如此才可能逐步形成这样的文化氛围：整个校园里面，老师们随时谈的是课，是课堂教学，是对教学活动的描述，是课堂教学的得失，是课堂教学的方法和艺术，是钻研教材的惬意，是课堂改革的尝试和体会，是对理想课堂的实践……老师们心平气和，和颜悦色，嘴角挂着微笑，脸上写着幸福，心与心交流，情与情沟通，思想与智慧融汇，观点与理念对接。教师是情感丰富的人，且是相对见多识广的人，什么健康的话题都不但可以谈，而且应该谈，只是关于课的话题应该占绝对优势，应该是一种主流文化。甚至，不管我们谈什么话题，如果最后都能回到"课"上来，那么"把课挂在嘴边"的校本教研氛围就基本形成了。

（四）用"论"去提升境界

这种论是在前面"说""评""谈"的基础上自然形成的，是在"把课挂在嘴边"的校本教研文化氛围形成之后的继续与提升。和谈课一样，虽然也是随时随地进行的，但层次不一样了，档次提升了，是另外一种境界了。这里的论首先是争论，然后是议论，最后是论述。即为了某一个观点，自然"升级"到相互争论、相互碰撞的程度，如果谁也说服不了谁，那就各自将观点搁置下来，通过思考、学习、实践，然后一定学科领域的或者"三五成群"的精神团队"自然"聚到一起进行议论，这种议论或长或短，亦庄亦谐，可喜可叹，其特点是互动。根据论题的价值，如有必要，可以再过渡到在较大范围甚至全校教师场合进行从实践到理论的论述，以达到共同发展的目的。争论、议论、论述，以及三者之间的过渡，都需要管理者有意识地长期地进行引导和培育。

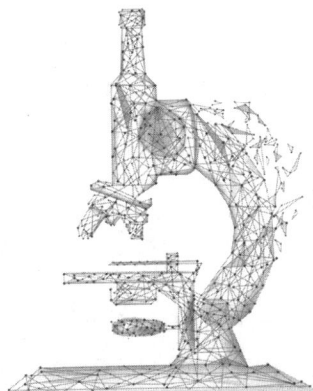

第四章　质量是科学课的内涵

一、抽测考查是手段　强化课改是目的

——对三年级科学质量调研检测的分析

试卷特点：以《科学课程标准》为"纲"，以科学三年级上册教材为"本"，以学生的实际生活为"线"，以学生发展为"旨"，全面考查学生的科学素养。试卷学科特点明显，具有科学性、导向性、创新性，知识覆盖面广，突出"探究"的重点，关注情感态度。试卷体现出以下主要特点：

1. 思想：体现课标理念

自然大纲变成了科学课程标准，自然教材变成了科学教材，其思想与内容、内涵与外延都有明显的变化，考查作为评价的一种重要方式，其目的与办法都应该有实质性的变化。本次提供给学生的试卷力求体现新课标理念，从内容到形式都在"自然"的基础上求新求变。形式上分为"我掌握的科学知识""我对科学现象的认识""我的想法和做法""我的创新设想"四个大题，有耳目一新之感，师生反映很好；内容上既体现了"科学探究""科学知识"以及"情感态度价值观"的三维目标，又充分考虑到我县"区"、乡、村的实际情况，以学生生活经验为基础，"用教材考而不是考教材"。

2. 目的：考查科学素养

"科学素养"是一个全方位的概念，也是科学教育的终极目的。那么作为导向性极强的试题命制就应该做到为科学素养引领和导航的作用，成为教师培养学生科学素养的"指挥棒"。本套试题决不停留于只考"知识点"的窠臼，做到既考知识技能，又考学生学习科学的习惯、态度与兴趣，又考学生的探究品质与能力。比如"我掌握的科学知识"就是对知识覆盖面的考查，判断题以考查学生对科学现象的认识为主，选择题主要立足于学生的实际生活经验，让学生感到"身边处处有科学"。而"我的想法和做法""我的创新设想"则侧重于考查学生科学探究的习惯和能力了。像"在阳光下放一杯水，水会慢慢地减少，这是为什么？"，"怎样使浮在水面的橡皮泥沉入水底"等题型就能很好地"看出"学生"做中学"的科学本领。这些题同时也能很好地考查学生对科学、对科学研究的情感与态度，使考查的目的"一箭多雕"。

3. 宗旨：聆听课改声音

本次抽考有一种指导思想：要能够比较准确地、全面地看出我县在课改方面存在的问题与差距，包括管理方面、教研方面、教师的教与学生的学等方面。同时也想通过考查看到我们课改的成绩，鼓励大家坚定不移地走课改之路。事实证明，我们本套试题实现了这两个目的，准确地聆听到了我县的课改之声。比如全县抽测合格率达 85.6%，这个成绩应该是令人欣慰的，尤其是对于刚刚接触科学课的三年级学生来说，对于刚刚体验科学课改的我县广大教师来说，这个成绩可以说是首战告捷。同时我们也看到了课改在城乡之间、片区之间、学校之间都存在明显"悬殊"等方面的问题。

4. 特色：走向开放本真

"自然"试题偏向保守，对开放还有些遮遮掩掩、羞羞答答，近些年来，我们只敢渗透不敢明朗化，只敢"过渡"不敢明说。我们想深入探究的本质，又怕老师们接受不了，学生们接受不了。这下好了，课改终于让我们敢于理直气壮地走向开放的本真了。尽管还是刚刚接触科学课的起始年级，我们仍大胆地体现开放的思想。题型灵活多样，这是一种开放；答案不唯一，这是一种开放；结论解释方式的多样性（有学生用图示等方法解答"我的创新设想"），这是一种开放；用教材考但不是全考教材，这是一种开放；不仅考结论，也考探究的历程，这是一种开放；不仅考课内，也考课外，这也是一种开放……。

（一）抽测情况

1. 采取随机分层抽样考查的办法，每个片区抽片区中心校学生 60 人，乡镇中心校学生 30 人，村校 30 人，这样共 1123 名学生（部分学校班额不足 30 人）参加本次科学考察。我们分片区中心校、乡镇中心校、村校三个层级对合格率和优生率进行了统计，如下表：

三年级科学上册县抽测成绩统计（表一）

	抽考人数	合格		优生		备注
		人数	率	人数	率	
全县合计	1123	961	85.6	612	53.8	
片区中心小学	568	499	87.9	331	58.3	
乡镇中心小学	300	254	84.7	170	56.7	
村校	255	208	81.6	111	43.5	

表中看出，片区中心校、乡镇中心校、村小的合格率分别为：87.9%、84.7%、81.6%，呈明显的"梯等"形，优生率分别为58.3%、56.7%、43.5%，同样呈明显的"梯等"形。

2. 为了看出学生在科学素养的各个方面的不同情况，我们对各大题的情况进行了随机分层抽样统计，从1123份"大样本"中再抽取得120份试卷的"小样本"（片区中心校60人，乡镇中心校30人，村校30人）来看情况如下表：

各大题得分情况统计（表二）

	一	二		三	四
		判断	选择		
总分	2760	2400	2520	2880	1440
实得分	2241	2124	2268	2125	1190
得分率	81.2	88.5	90.0	73.8	82.7

表中看出，一大题"我掌握的科学知识"得分率为81.2%；二大题"对我科学现象的认识"得分率在90%左右；三大题"我的想法和做法"得分率为73.8%；四大题"我的创新设想"得分率为82.7%。

（二）课改成果

从上面的两个统计表以及学生的答题、阅卷教师的反映和平时调研的情况分析，我县科学课改取得了如下成果：

1. 看理念：新的教学理念已被老师们接受并运用到课堂之中

科学课有"科学课要面向全体学生""学生是科学学习的主体""科学课应具有开放性"等重要新理念。事实证明，老师们较好地贯彻了这些理念。85.6%的合格率，说明我们的老师都在尽最大的努力面向全体学生，给学生提供公平的学习机会和有效的指导；学生对周围世界具有强烈的好奇心和积极的探究欲，学习科学应该是他们主动参与和能动的过程，要让他们自己提出问题、解决问题。从表二可以看出，老师们是这样做了，把学生当主体了，因为学生的得分不仅仅在知识点上，其他各题的得分也已经有所成效了；我们的科学教学已经具有了开放性，表现在学习内容、活动组织、评价等方面，给学生提供选择的机会和创新的空间，帮助学生不断扩展对周围世界科学现象的体验，丰富他们的学习经历。分析得出，学生不仅能解决"课内"的题，也能解决课外的题；不仅能解决书上的题，也能解决"身边"的题；不仅能解决知识型的题，也能解决探究型的题。

2.看方式：教师教的方式和学生学的方式得到有效转变

透过"成绩"看实质，教师已基本上从"讲台"上走了下来，放下架子，与学生沟通交流，平等对话，共同学习，共同经历科学探究的历程，基本摒弃了填鸭式的教学，基本摒弃了只抓知识不及其余的做法，充分调动学生的主体性、主动性，焕发学生生命的活力，张扬学生生命的个性。而学生呢，已经明显地转变了学习方式，不再是被动接受，而是主动地"投入"；不再是死背知识点，更注重亲身经历探究的过程，实现了"做中学"；不再是学教材，而是用教材学……。

3.看变化：学生的创新精神和实践能力得到明显提高

二大题中涉及了一部分渗透创新思想的题，如6小题、7

小题等；三大题创新成分相对重一些；四大题就是纯创新题了。单就第四大题来看，学生完全"无动于衷"而下不了笔的几乎没有，**87%** 的学生能够想出办法，设计出"使浮在水面的橡皮泥沉入水底"的正确方案，而且不少学生的方案具有创新性。有的说可以把橡皮泥捏成实心球，有的说可以在上面放个小石头，有的说可以绑一个重物，还有一部分学生采用了图示法的表述方式……这说明"自主、合作、探究"已经走进了我们的课堂，学生的实践能力和创新精神得到了有效的培养，如果不是如此，学生是难以"应付"这道题的，得分率也绝不会那么高。尽管一部分学生答错了，但同样具有自己的思维。看来科学课比自然课更能培养学生的创新与实践能力。

4. 看前景：科学课程从上到下受到广泛重视

国际国内对科学的重视自不必说，单就我们县而言，教委一直把科学（自然）课同语数一样对待，同样的管理，同样的考核与评价。从本次调研考试来看，科学课更是得到了广大学校和广大教师的重视，这比预料的要好。这一科学课改的重要成果，让我们看到了科学课改的美好前景。

（三）问题与建议

本次调研考查，可以看出我们的课改成果是明显的。但同时也折射出一些问题，建议如下：

1. 改革教研方式：培训分层推进

从合格率和优生率看，都呈明显的"梯等"式，这就意味着教师专业水平的悬殊，因此我们抓教师业务素质的提高就不能整齐划一，不能一样地要求一样的模式，要分层培训分层管理，要用"多把尺子"的新理念去激励教师。如果继续"大一统"就不符合课改的要求，就是重蹈覆辙。我们对教师的培训等教研活动都至少应分为三个层次，即片区中心校（含城区部分学校）、乡镇中心校和村校。如此，方是真正的"面向全体"。

2. 教育均衡发展：关注村小教师

从优生率看，村校学生就大大的掉队了。比乡镇完小悬殊13个百分点，比片区中心校悬殊15个百分点，这个悬殊远远大于合格率的悬殊。难道村校的学生就只能"合格"而难于"优秀"？分析原因，是我们村校的教师还基本上停留于教知识点上，只能照本宣科，不能很好地引领学生经历探究的过程，依然施行的是被动的灌输式的教学，因此也就自然只能抓出"合格率"，而难以提升"优生率"。教育的均衡发展，首要的也是最彻底的是教师素质的均衡发展。当务之急，我们必须想法提高村校教师的专业水平，否则我们的课改将是不彻底的。关注村校教师，关注村校教学，促进村校教师专业成长，这是课改向我们提出的一个十分严肃、十分及时的课题；其次是课程资源的均衡发展。三个层级学校"梯等"式的成绩尤其是村小优生率的大幅度悬殊，这与农村学校课程资源的匮乏也密切相关。边远学校特别是村校实验条件的捉襟见肘一直是我们关注的。

3. 注意学科整合：有意干点"业余"

从文字表达上看，实事求是地说，没想到三年级的学生表达能力是如此的差。1123 份试卷上"一句完整通顺的话"真的是凤毛麟角，少得可怜。我们看到的是一些零碎、散乱、词不达意、文不从字不顺的刺人眼目的杂草语言，且错别字太多，标点符号不正确。照理说，三年级的学生"写句完整的话"应该是很低的要求了，然而事实又确实令人叹息。当然，整体来看，语言能力仍明显地存在城乡差异，村校更差。看来，语文不仅仅是语文教师的事情，我们的科学教师，也应该有意识地做一些"业余"事情了。

4. 充实探究过程：莫忘方法渗透

"我的想法和做法"的第 1 题是"我们一般应该按照什么顺序对水进行观察"，这道题的考查意图是明显的，是考查三年级学生常用的一种重要的研究方法，即观察事物的方法。但有些遗憾的是，从随机抽样的 120 份试卷看，有 **38%** 的学生不知道正确的观察顺序，得分率也只有 **56.3%**。这说明我们的老师在平时的教学中虽注重探究，注重学生亲身经历，但却忽视了探究方法的渗透，忽视让学生明确探究方法的意义。对水的观察顺序是"看、闻、尝"，"看"必须在前，但许多学生或把闻答在前，或把尝答在前，没有"顺序"意识。让学生领会、理解探究事物的方法，这是科学课较之于自然课的一个明显不同，从前我们只敢渗透，现在我们可以在学生经历的基础上"明说"了。

5. 防止"生成"过于：强化教材研究

平时听课中我们注意到有的老师不能正确处理"文本"与"生成"的关系，文本不足，生成有余。本次抽考也暴露出这样的问题，有的学生对教材中的一些的最基础的东西没有掌握，但对教材之外的或者偏难一些的问题却能答对。有的学生居然不知道橡皮泥是什么，在试卷上写到"橡皮泥是指什么"的疑问，此疑问引发了我们三个方面的思考：一是教师教学为什么抛弃教材，对教材上的"橡皮泥们"置之不理，难道就因为"学生没见过"吗？二是我们是否有必要让试卷上出现的所有事物100%地都是学生所熟悉的，从而让"回归生活"走向绝对化，这究竟有没有必要，有不有可能，我们究竟应该把教材放在一个什么样的位置，究竟怎样理解"用教材教而不是教教材"；三是对学生思维灵活性的培养不力。即使你不知道橡皮泥是什么东西，这道题也同样是可以解答的，不就是把"它"弄沉吗？难道就因为不认识就对它束手无策？我们必须明确"用教材教而不是教教材"并不是不要教材，前提不仍然是"用教材"吗？怎么用，我以为教材仍是基础，要在吃透教材的基础上去"生成"。否则，"生成"就成了无源之水、无本之木。教材是土壤，"生成"是土壤上开出的花。综合各方面的信息，青岛版科学教材基本适用于我县，但其过于城市化、过于开放的特点又不得不引起我们的焦虑，也是老师们感到头痛而一时难以适应的。

二、巫山县 2017 年小学毕业监测科学质量分析报告

（一）学科试卷评价分析

全卷共五大题，分为填空题、判断题、选择题、实践探究题、思维论辩题五种题型。填空题主要考查学生科学基本概念的掌握及其简单运用。填空题主要考查学生对基本科学知识、科学现象的理解与运用。选择题主要考查学生对科学基本原理的掌握、理解和综合运用。实践探究题主要考查学生实践探究能力的实际水平，是对整个小学阶段学生科学素养的考查，尤其是对观察能力、分析能力的考查更突显科学教学的本质。思维论辩题主要考查学生在实践探究中的思维辨析与表达能力。五种题型分值分别占百分之 13、15、12、32、28。实践探究题与思维论辩题权重较大，这符合科学课的本质特点。科学课必须以考查学生实践探究与创新思维能力为重点，这是科学课的刚性特点。整套试卷，合理地将科学基本概念、基本知识、科学探究、综合运用渗透在各个题型中，同时彰显各大题的题型特点。

纵观全局，题目既有宽度，且难度适中。重在考查学生的能力和科学素养，既重视基础，又不失灵活性。各种科学能力要求在分值上所占权重科学合理，学科特征明显。

（二）试题得分情况统计分析

题号	人数	最高分	最低分	平均分	得分率	满分率	零分率	难度
填空题 1 — 3	6877	2	0	1.57	78.5	54.2	5.5	0.79
填空题 4 — 6	6877	2	0	1.21	60.5	10.5	2.2	0.61
填空题 7 — 8	6877	2	0	1.48	74	46.7	6.7	0.74
填空题 9	6877	2	0	1.13	56.3	34.3	26.5	0.56
填空题 10 — 11	6877	2	0	1.62	81.2	60.5	4.2	0.81
填空题 12	6877	1.5	0	1.28	85.5	68.8	4	0.85
填空题 13	6877	1.5	0	1.34	89.1	77.1	3.7	0.89
判断题 1 — 5	6877	5	0	4.17	83.3	47.7	0.5	0.83
判断题 6 — 10	6877	5	0	4.21	84.2	49.1	0.6	0.84
判断题 11 — 15	6877	5	0	4.04	80.9	40.9	0.6	0.81
选择题 1 — 4	6877	4	0	3.23	80.8	47.7	0.8	0.81
选择题 5 — 8	6877	4	0	2.92	73	28.8	0.8	0.73
选择题 9 — 12	6877	4	0	3.11	77.8	24.4	0.5	0.78
实践探究题 1	6877	8	0	6.3	78.8	43.4	2.1	0.79
实践探究题 2	6877	8	0	5.75	71.8	41.2	3.3	0.72
实践探究题 3	6877	8	0	6.54	81.7	68.4	10.7	0.82
实践探究题 4	6877	8	0	4.44	55.5	15.3	10.5	0.55
思维论辩题 1	6877	9	0	6.59	73.2	3.5	2.1	0.73
思维论辩题 2	6877	9	0	7.03	78.1	47.2	4.4	0.78
思维论辩题 3	6877	10	0	6.64	66.4	25.6	3.3	0.66

对表四的简析：填空题共 13 个小题，26 个空。按题型相对集中阅卷，得分率分别为 78.5、60.5、74、56.3、81.2、85.5、89.1。13 小题得分率最高，第 9 小题得分率最低。判断题得分率分别为 83.3、84.2、80.9，属正常状态。选择题得分率分别是 80.8、73、77.8，属偏低状态。实践探究题得分率分别是 78.8、71.8、81.7、55.5，整体得分率偏低，第 4 小题得分率仅仅为 55.5，只有第 3 小题得分率超过 80。思维论辩题得分率分别是 73.2、78.1、66.4，得分率整体偏低，且无超过 80 的。

（三）教学存在的主要问题及原因

1. **实践探究教学是软肋。**实践探究共 4 个小题，得分普遍不高，只有一个小题得分率超过 80。第 4 小题得分率仅仅为 55。第 4 小题是一个什么样的题呢？原题是这样：由一个定滑轮和一个动滑轮组成的混轮组是否省力（见图），如何证明？

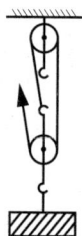

此题图是将教材 14 页上的原图稍做变化而来，大部分学生能回答"是否省力"，但对于怎么证明就束手无策。而实际上教材上是有现成答案的，教材上是这么说的：与直接提升物体

的用力方向、用力大小比较……这不是"证明"又是什么呢？这只能说明我们在平时教学的时候对"自主想法证明一个结论"没有足够的重视。然而自己想法、自己设计实验证明科学结论，却又是科学课最本质的要求。如何抓住科学课的本质进行教学，可能这也是我们科学课老师的软肋。

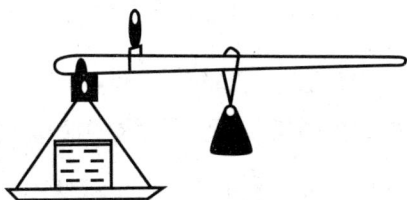

2. 机械呆板是个大问题。教师教学的机械呆板直接导致学生思维品质的呆板。我县科学课普遍的教学现状是死记硬背。这样教学的直接危害是学生的思维越来越死，遇到稍有变化便不能应付。从本次阅卷和得分情况不难看出，凡是灵活一些的题型，学生大都难以作答，或答非所问。比如这道题：在小杆秤上标出支点、用力点和阻力点。如果要让小杆秤能够称出更重物体的重量，提绳应该向哪边移动，为什么？（见图）如果是移动用力点和阻力点，学生答题效果会好很多，因为教材上重点只涉及这两个点的移动。我们平时教学也就缺乏这种变化，就不去教学"如果移动支点"会是什么效果，而这样的变化应该说是水到渠成的事，然而我们为什么不去做呢？诚然，这样做可能加大了一点难度，但也只是在移动用力点和阻力点的基础上向深处稍微开掘那么一点，而且思维是同质的，我们为什么不去做呢？从阅卷场了解的信息得知，这道题答对的学生不超过百分之20。再如填空题第9小题：化学变化常会伴随（　）、（　）、（　）、（　）等现象。此题得分率也仅为56. 此题的灵活性在于是对教材上的一些化学现象的一种梳理与归纳，应该说不存在什么难度，但为什么得分率如此低？这与我们的教学肤浅化密切相关，在科学教学上思考不够，研究不够，浅尝辄止。

3. 主体地位缺失仍是瓶颈。科学是实践探究课程，是"做中学"的课程。离开了学生主体，科学课便不复存在。然而从学生答题情况来看，其主体地位受到钳制。思维论辩题总体得分率之低，便足以说明问题。如果我们的教学真正解放学生，把学生当成真正的主体，把学习的权利真正还给学生，注重课堂展示环节，注重学生交流，注重学生表达，那么解答像"上山的公路为什么修成S形""说说日食的成因""这个实验报告应该怎么写"等问题就不会是什么难题。

4. 教学研究空虚已成顽疾。实话实说，科学等课程的教学研究在多数学校几乎一片空白，教研组要么没有，要么形同虚设。当然，这类课程的教师是兼职，课时量又少，开展教研活动确有一些困难。但这不能成为学校此类课程教研虚无的理由。只要真心重视，总还是有一些办法的，活动也并不是完全不能开展的。多数学校除语文数学教研组而外，都是设的什么综合教研组，这怎么开展研究活动啊，学科不同，在一起研究什么呢？

所谓综合教研组,其实基本等于没得教研组。在教研组的设置上,大型学校因为其规模较大所以相对较好。把这一条作为教学的问题提出来,一是因为从试卷答题的实际情况看,很多题型得分率不高的病根在于老师们对科学教学缺乏研究,二是因为教学本身的优劣在很大程度上取决于教学研究的程度。

(四)教学改进策略建议

1.**严格执行课程计划**。我想,这应该是一个最基本的教学建议了。这个教学建议需要吗?大家心里清楚。科学等课程每周是几节课,我想我们的老师就应该**每周**上几节课,首先从数量上要得到保证,我想这应该是教学的底线,也是基本的良心和职业道德。科学等课程随意少上、砍减、占用、突击上、偷工减料等都是不执行课程计划的表现。不严格执行课程计划,管理者有不可推卸的责任。

2.**强化实践探究教学**。科学是"做中学"的学科,是一门必须"动手"的学科。如果不动手,科学课就没有开设的价值。可事实上呢,从学生答题情况和平时信息得知,我们的科学课在实践探究教学这一本质要求上还差距太远。实验器材设备简陋是一个方面的原因,但更大的问题还是出在观念上,出在对待教学的态度上,出在一个"懒"字上。科学课提倡因陋就简,提倡学生自备材料,把学生自备材料也当作一个研究过程,但我们这样去做了吗?科学课的所有材料都要从实验室取之即用,用之不竭,这在相当长的时期内是不可能的,这也不完全符合"自然"与"生活"都是小学科学研究对象的特点。如何强化实践探究教学,这除了学校的管理必须跟上以外,更多的还得靠老师们的责任与良心。

3. **力戒呆板教学方式**。死记硬背是科学课的大忌。而我们似乎又很乐于这样的教学方式,因为这样的教学最简单,最省心。老师不需要动脑筋,学生也不需要动脑筋,且都不需要动手。有的老师长期一上课二话不说就在黑板上一写一满黑板的科学知识要求学生背;有的老师平时不教学,期末时几节课把一本书突击完;有的老师长期用科学课去上其他课程……怎样才能减少或者除掉死记硬背的教学方式呢,最根本的办法是做到第一条:强化实践探究教学。次之的办法是,调研测试时最大程度减少死记硬背的题量。为什么说是次之的办法呢?因为实际上这些年我们也一直在坚持这么做,但老师们依然以不变应万变,有"我自岿然不动"的"凛然之气"。

4. **突显"课堂展示"地位**。我们的课堂教学之所以学生主体突出不够,之所以见物不见人,之所以课堂气氛沉闷,之所以学生权利被剥夺,在很大程度上是我们对学生在课堂上的展示行为的重要性认识不够,对课堂展示在课改中的作用与地位认识不够。展示的方式是多元的,上台汇报、相互分享、操作演示、思维辩论、真情朗读等等。科学课,必须把小组的探究过程、方法、成果等进行不同方式的课堂展示与分享,这一是敦促我们必须进行探究教学，二是让学生在交流展示中相互启发、相互纠偏、相互补充，使科学探究逐步走向深入，使学生的研究行为逐步形成科学素养，栽下牢固的科学基因。

5. 强化学科教学研究。探究教学不力、死记硬背盛行、主体地位不够等等问题，其根源之一实质是对本学科的研究乏力而空洞。要全面提升我县科学等课程的教学质量、提升课堂教学水平、逐步趋近教学的本质、使教学真正成为非传授而是对知识的处理与转换、使小学教育真正成为最有高度的教育，最现实的唯一而正确的途径只有一条：强化教育科研。任何一个学科的教学、任何一个教师的成长、任何一所学校的内涵发展，离开教育科研，都是一句空话，都是不可持续的。学校的任务不光是发展学生，还有发展教师的使命。

6. 形成一种教学常态。整个小学阶段，都应该有意识地训练学生自行设计实验方案证明和解决问题的意识与能力，使之成为习惯，成为素养。只是年段不同，难度不同而已。有意识地训练学生自行设计实验方案解决问题、证明观点应该成为科学课的教学常态。这是科学课证实、证伪的核心能力，科学素养的核心标志。然而在这一教学层面，我们真还做得不够好。四大题第 4 小题"如何证明滑轮组是否省力"、五大题第 3 小题"写一份'铁生锈与空气有关吗'的实验研究报告"等题型，都是属于考查教师在这方面的教学素养与水准的。但从学生得分率来看，这些有科学特质、有科学"含量"、有专业要求的教学方式，还十分欠缺。这除了老师们自身要有意识地强化这种教学行为而外，别无他途。

7. 正确对待检测分数。我们根据考试的数据来对教与学的现状进行分析，并不是说我们唯分数论。我们知道分数只能是质量的一个方面，而且只是看得见的一个方面，人的发展更多的成分是看不见的，有些东西也许比分数更重要。因此我们知道这个分析也只能反映出某个片区或者某个学校在管理以及教育教学等方面的一部分信息。这些数据，包括位次排名，都是专业分析的需要，本意不在鉴别与区分。尤其是我们的老师，更应该正确看待分数，如果只要分数不及其余，甚至不要规律，可能我们的教学就会不择手段，就会走向野蛮，就会摧残生命，我们的眼中就会逐渐失去"人"，那么上述教学中的所有问题都会自然滋生，而且将成灾难。我们国家都已经深知以 GDP 论英雄的巨大危害和危险，深知以 GDP 论英雄的时代已经过去了，而转向以生态文明、可持续发展为基本理念和行动准则了。那么教育呢，同样的道理，当然也不应该以分数 GDP 论英雄，尤其是在小学阶段，更应该以学生可持续发展、生态发展、为学生幸福人生奠基为基本理念。为什么8200万人的德国人分享了世界上一半的诺贝尔奖？答案竟然是不过早过度开发儿童智力。我们不是不需要分数，我们需要的是正确的分数。一个正确的60分远比一个错误的90分要有意义得多。教育仅仅只剩下分数的时候，也应该是我们感到恐惧的时候。我想这应该是我们转变教学方式，改进、优化、深化课堂教学的认识前提。

（五）对教育的认知建议

1. **教育是良心事业**。如果非要考才重视，你就还没有入到教育的门。至少在小学，好的教育不是考出来的，好教育也是考不出来的。但为什么还是要考呢？因为除了考，目前还没有找到更好的、更多的主体评价办法。而且不考，情况可能更糟。比如音体美，都真正想办法认真搞了吗？即使是语数，如果不考，会是一种什么状况呢？科学课程像现在这么考，其实也是违背学科规律的无奈。但要培养高素质人才，我们还真不能唯考是图。你们去读读世界一流的德国教育也许可以明白一切。教委领导讲，"小学重在抓习惯，初中重在抓基础，高中重在抓出口"，又在今年 x 月 x 日的教学教研专题工作会上说，"质量要抓，但不能违背规律"。我想，这应该是我县教育的理论方向和实践指导。所以我们要用正确的教育观、正确的方式去对待考。既要考好，又不违背教育规律和人的成长规律，这才是真功夫。在规律和分数之间，你把谁放在首位，这由你的良知和你对教育的认知水准决定，当然这也决定了你所做工作的意义大小，甚至正误。教育的本质是以爱唤爱。这不是空话，是朴素的真理。不可回避的事实是，因为我们考试观的问题，考，正在掏鸟蛋一样将教育的内涵掏走；考，让教育失去了太多美好的东西、重要的东西。考本身没有错，就看我们怎么对待考。

如果教育只剩下考，教育将走向荒凉。说了半天，意旨就一点：教育真是一个良知事业。这是教育的底线，也是教育的最高境界。除此，你考得再好，分数再高，你所做的可能都不是真正的教育。为什么呢？因为教育，至少在小学，大部分与考试"无关"，比如习惯、人格、人性、品质、情感、态度、精神、思维、能力、特长、创新等等，这些东西是很难考出来的。我们必须知道，考试，永远只能考出教育的一部分，甚至是一小部分。考试的正确性也在于它还可以考出我们教育的一部分。如果你做的是真教育，那么，考试就应该只能考出你工作的一部分甚至是一小部分，如果考出了大部分甚至全部，那么你就不是一个好老师甚至失去了做教师的资格。所以我们每一位教育人都应该有绝不让教育只剩下考的良心担当，绝不能依赖于考，绝不能仅仅只做与考试有关的教育。如果那样，我们的教育完了，至少我们的小学教育完了。同志们，我们要想法把考试学科搞好，更要想法把不考试的学科也搞好，尤其要用良心去把这些学科中与考试无关的、无形的、看不见摸不着的教育做好。我们要尽量争取离真正的、本质的教育近一点，再近一点。

2. **教育是务实的事业。**抱龙片区、实验小学、庙宇小学为什么可圈可点，一个重要的原因就是这些学校的领导都是务实的人，爱沉默爱思考的人，脚踏实地是他们的生命特质。不少的学校制度、措施、办法都有，甚至看起来也规范翔实，但为什么质量上不去呢？症结就在"不落实"。纸上的东西不落实，不如扔进垃圾堆。有的是不想落实，有的是无力落实，有的是"投机性"落实。而这些校长是想落实，有力落实，非投机性落实。我们都是教育航标灯，我们的作风就是教育的作风，就是教师的作风，就是学校的作风。桃李不言下自成蹊，教育需要我们不李就桃，不桃就李，勿成其他！

3. **教育是需要研究的事业**。越身居教育的要职，你的工作就越需要研究，因为你一旦犯错，犯的就是方向性的错，就会使一串串人跟到犯错，损失不可估量，且无法弥补。我们每一位无疑都应该是教育的研究者，否则，我们就可能指挥不当，我们的教育就搞不好，就会越搞越失去内涵，越搞越肤浅，甚至越搞越错误。这就更谈不上尊重规律和提高正确的质量了。入了教育的行，就必须坚持学习、思考、研究，这就是教育者的使命。

三、巫山县 2018 年小学毕业监测科学质量分析报告

题号	人数	最高分	最低分	平均分	标准差	得分率	满分率	零分率
填空题 1-3	7050	4	0	2.7	1.15	67.4	30.4	4.1
填空题 4-6	7050	4	0	2.86	1.05	71.5	32.8	2.9
填空题 7-8	7050	4	0	2.26	1.17	56.4	15.9	10.2
填空题 9-10	7050	4	0	3.58	0.93	89.5	76.2	3.4
判断题 1-4	7050	8	0	5.67	1.74	70.9	22.7	1
判断题 5-8	7050	8	0	6.62	1.58	82.8	49.2	0.6
判断题 9-12	7050	8	0	6.84	1.58	85.5	57.3	0.6
判断题 13-15	7050	6	0	5.09	1.26	84.9	61.5	0.6
选择题 1-3	7050	6	0	4	1.67	66.7	30.3	4.3
选择题 4-6	7050	6	0	4.84	1.25	80.8	49.2	0.3
选择题 7-9	7050	6	0	5.21	1.14	86.9	64.3	0.6
选择题 10-12	7050	6	0	4.52	1.54	75.3	44	1.9
选择题 13-15	7050	6	0	5.18	1.24	86.4	65.8	0.6
实验探究题 1	7050	6	0	2.45	1.88	40.8	9.8	16.5
实验探究题 2	7050	6	0	5.17	1.58	86.2	70.7	3.9
问题探究题 1	7050	6	0	3.25	1.76	54.1	18.3	2.6
问题探究题 2	7050	6	0	4.72	1.35	78.7	28.5	1.9

（一）正确分析数据：对督导中心的建议

（说明：1、合格率为60分（含）以上人数占片区参考人数的比率；优良率为80分（含）以上人数占片区参考人数的比率；2、积数是三项排序数之和，积数越小综合排序越高。）表一表二表三是分三个层次进行的数据统计，即督导中心层次，片区中心完小层次，片区教学点层次。每个层次使用了平均分、及格率、优良率三个指标。较去年减少了"优秀率"指标，这不能不说是认识上的一大进步。如果明年在此基础上又减少"优良率"指标，那将会是又一大进步。教育观念的进步会很慢，所以说教育是慢的事业、慢的艺术。整体看，三个层及格率指标大体正常，但平均分和优良率还有明显的进步空间。对三个指标和三个指标的综合排序进行分析，督导中心应该注意以下几点。**一是正确对待统计数据**。数据只能反映"一部分"成绩，远不是全部。从素质教育的角度说，更不能全面反映素质教育情况，也不能全面反映学校管理的正确程度。况且，相同的成绩后面可能有不同的育人价值，有的是教育的，有的可能是反教育的。现阶段，教育不看数据不行，但只看数据更不行。**二是要看到自身的优劣**。数据上的优势不一定是真正的优势。任何一个数据的产生都有不同的背景和客观环境。这里面包括经济条件、文化背景、物质设备、师资力量、管理难度、教学难度、师生比等等。同样，数据上的劣势也不一定是真正的劣势。一句话，找准优势，再接再厉；看到劣势，填缺补短。比如高唐片区，劣势在"教学点"，那么如何提高教学点的质量，就是该片区应该多多思考的问题了。比如曲尺片区，如何使农村微型学校进一步优质化（不仅仅是考试分数）就需要进入实质化的研究了。**三是力争取得进步。**这是针对那些长期排名在后的片区。排名虽然合理性有限，但长期排名在后总是值得反思的。第一次排名在后，你想了一些什么提质措施，实施了没有，实施的有效性如何？第二次排名在后，你又改革或者增添了一些什么提质措施？第三次呢……当然，排名总有在后面的。因此我们是否可以考虑当成绩达到一定标准后，"一定标准"以下或者以上都属同一个名次。将名次减少，逐步趋向等级制。**四是要敦促学校科学合理地实行质量管理。**违背教育规律和人的成长规律的质量不是真正的质量。有的学校在毕业考试前一两个月，毕业班学生就不做操了，其他课程也不上了。这是大错。

（二）透过"质量"看问题：对教师的建议

1.**试卷简析**。全卷100分，共五个大题，包括填空题、判断题、选择题、实验探究题、问题探究题。所占分值分别是16分、30分、30分、12分、12分。题量分别是16个空、15个小题、15个小题、2个小题、2个小题。整套试题立足教材，注重基础，难度适宜，有一定灵活性。试题反映出的理念是突出学科特点，弱化死记硬背，凸显对知识的理解、应用与探究。判断题和选择题占的分值较大，而对探究题缩小分值权重，这反映出命题者对学情与教情的准确把握。从具体内容分析，十一册内容约大于十二册内容，这反映出命题者对教材"适切性"（适合学生探究）的准确把握。"工具与机械"单元、"能量"单元、"环境与我们"单元所占权重相对较大，这同样突出了"探究"的学科特点。

2. 得分情况简析。从"表四"可以看出，填空题、判断题、选择题得分相对较高，实验探究题和问题探究题相对较低。填空题、判断题、选择题的各个小题得分比较均衡，基本没有大起大落现象。比如填空题的四个得分值分别是67.4、71.5、56.4、89.5，判断题的四个分数值是70.9、82.8/85.5、84.9。这说明学生对教材上的简单信息掌握较好，教师也比较注重这方面的教学。而在实验探究题方面失分严重，尤其是实验探究题1，得分率仅仅为40.8。这是一道什么样的题呢？图如下：

如图所示，实验器材完全相同，请完成下面探究的问题。

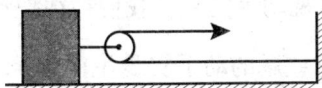 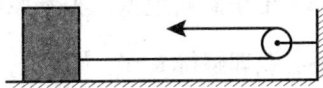

图一　　　　　　　　　　图二

要求回答的问题有两个，一是：你认为哪种方法更省力，为什么？二是：如何验证你的判断（写出要用的器材和办法）？这道题其实知识点很简单，就是动滑轮比定滑轮省力。但为什么得分率这么低呢？原因也很简单，就是学生没看懂谁是定滑轮谁是动滑轮。为什么没看懂呢，就是老师在平时教学的时候，没有在关键处用力，或者没有找到关键处。这道题，也就是没有让学生真正领悟到定滑轮和动滑轮的内涵要义。所以一旦稍稍有所"变形"，学生就一筹莫展。此题，如果两个滑落正向（竖着）放置，学生答题效果一定会好很多。这说明，要学生能够灵活处理问题，其前提是真正弄懂知识的内涵。真正懂了，无论形式怎么变化，都是可以应付的。那么问题探究题1的得分率又为什么那么低，仅为54.1呢？这道题反映出的问题更为严重，那就是老师们注重死记硬背，忽视动手实践。这道题，只要是学生动手画过，就会轻而易举做正确。题目是根据北斗七星找到（画出）北极星，这还不容易吗？在"勺子"底部前端两颗星距离的五倍处就是北极星！只要动手画过，这道题是没有难度的。让人匪夷所思。

3. 教学建议

1）注重动手实践。上述实验探究题和问题探究题之所以得分率出乎意料地低，根本原因是忽视动手实践。我们往往把动手实践理解得太难、太规范，其实这些题的动手实践并非难事，也不一定非要在实验室完成。第一个题在教室就可以完成，只要有定滑轮和定滑轮就行。小学生的实验，重在弄懂原理，大部分实验并不把规范作为追求。第二个题就更不用说了，在黑板上，在本子上画一画就行了。其实小学生的动手实践是随时随地，并非一定要特别正式的环境或条件。

2）注重思维培养。上述第一题和其他大题中的部分题暴露出，对学生思维深度和灵活性的培养是我们教学中较为忽视的问题。所谓思维的深度，就是要把知识点真正弄懂弄透，举一反三。在关键处要用多种教学方法予以突破，要由表及里，浓墨重彩。所谓思维的灵活性，就是要学会变通，教师要变式教学，由此及彼，触类旁通。

3）革除一种模式。科学课教学，尤其是毕业班科学课教学，我了解的事实是，不少老师一走进课堂，二话不说，就直接往黑板上抄题，抄一满黑板让学生做，让学生背。这是不可取的课堂教学模式，必须革除。科学课是"做"科学，不是背科学。

4）深入研究教材。怎样才能由表及里，由此及彼，怎样才能培养学生思维的深度和灵活性，其根本前提是教师真正深入研究教材。要逐字逐句地研究，要融会贯通，弄清教材各方面的逻辑关系。只有把教材真正弄懂了，才有可能发散思维，才可能出现教学灵感。深入研究教材有一个较好的办法，就是尽力弄懂每一个环节为什么这么设计而不那么设计，为什么设计这个内容而不涉及那个内容，其目的意图何在，如果让你来设计，你会怎么设计，你的设计与教材上的设计孰优孰劣？

（三）管理者须不断学习进步：对学校的建议

1. 更新育人观念，每个学科都很重要

作为校长，观念必须正确，否则，可能自己也不清楚将把

一方教育引向何处。校长，必须有担当，必须有使命感，必须有牺牲精神，必须有"吾爱吾师吾更爱真理"的凛然正气，必须有尊重教育规律和人的成长规律的基本准则和底线原则。无论教育行政部门怎么考核评价，学校都应该有自己的思想，都应该有自己的评价考核体系，都应该公平对待每一个学科。

2. 强化常规管理，千方百计落实"三开"

除了语数而外，道德与法制、科学、音体美等学科是否每节课都落实了，是否每节课都有人上？尤其是在广大的农村学校。首先是要保证每节课都有人上，然后再谈上好的问题。我说的每节课都有人上，是每节课该上什么就上什么，而不是挂羊头卖狗肉的偷梁换柱。课表上什么课都有，而实际上基本只上语数课的学校有没有？大家心里比我清楚。有的学校说，音体美科学等学科都是语数老师兼任，有时候真没办法监管。是真没办法还是睁只眼闭只眼？是真没办法还是有意纵容？大家比我清楚。我想，只要校长有"是什么课就该上什么课"的坚定理念，那么实现"是什么课就上什么课"的目标根本不是一件难事。

总体来说，道德与法制、音体美、科学等学科因为师资、设备、管理等方面的差异，城区学校的"三开"优于农村学校。但也存在质量意识不够、研究不足，甚至无案上课的情况。城区学校应该进一步强化对非语数学科教师队伍管理，尽力让他们心无旁骛搞好教学。

对于广大的农村小学，首先必须毫无条件地做到是什么课就上什么课，不管上得好与坏。"按课表上课"如果能成为一所乡村学校的铁的纪律，教师不敢、也不愿违背这个纪律，那么这所学校的校长就具备了成为一个好校长的基本条件，这所学校也就具备了成为一所好学校的基本条件。

3. 遵循学科特点，坚持科学"做中学"

科学是"做中学"的课程，强调动手探究。那么学校对科学课的管理就要做到三点。一是教师不能"空手"进教室。据我多年的研究得知，全盘靠讲的科学课文，好像还没有。二是要用好现有实验配置。随着教育均衡的发展，实验装备越来越齐备，实验室越来越规范。三是要建立合理的教研组织。我们县内的一些学校，除了语数学科教研组外，一般都设立艺体教研组，综合教研组。艺体教研组和综合教研组都是综合性质的，都包含好几个学科。其实几个学科在一起开展教研活动是很困难的，尤其很难开展课堂教学研究。所以大型一些的学校还是应该建立学科年级教研组或者学科教研组。小一些的学校只要有三个以上的任课教师（包括兼职），也应该建立学科教研组。科学课，如果长期没有"研究"的警钟，就会慢慢变成不像、甚至不是科学课。

4. 深化课程管理，提升课堂自主水平

对非语数学科的课堂，学校应该深化管理，一旦发现事件，应该采取积极对策。比如，无故占用非语数课堂；无案课堂；

一讲到底的课堂；一节课上好几篇课文的突击式做法；抄一满黑板让学生背得课堂……这些都应该用优化课堂、强化教研的办法予以解决。

5.建立发展机制，营造公平公正环境

真正的质量提升绝对是伴随着教师质量提升的。在一所学校，所有教师都应该享有同样的发展机会，不论学科，不论男女，不论老少，不论骨干和非骨干。不应该把学习、奖励、荣誉等等全塞给极少数甚至极个别教师，这会使学校失去平衡，也会带来其他一些潜在的问题。一味地锦上添花并非明智之举。这种做法是得不偿失的。要鼓励自主发展，同时警惕让极少数教师有比同事多得多的培训进修和获得荣誉的机会。学校最大的隐患就是不公平。学校要有教师发展机制，机制是公平的前提。努力做到公平公正，即使一时无法完全做到，也不能借口"世上没有绝对的公平"而拒绝公平。公平是优质学校必备前提。

四、巫山县 2019 年小学毕业监测科学质量分析报告

试卷简析——

全卷共五个大题，包括填空题，判断题，选择题，实验探究题，问题探究题。所占分值分别是 16、15、24、24、21。总体看，1.题型设计合理，分值权重分配恰当。探究题共占 45 分（实验探究和问题探究），探究题权重之大是一个有力的导向。把以前的简答题类型重新设计成"问题探究题"，这凸显了科学的本质和学科特点。2.注重学习科学的过程，不再"知识和概念"，淡化死记硬背。立足教材，但不拘泥甚至超越教材，有效顺应课程标准"用教材教而不是教教材"的理念。即便是填空或者判断题等类型，也不再呆板，注重了发现、分析和解决问题能力的考核。可以看出命题者对科学本质的理解是准确的，是有高度的。3.关于试题的难度与表述方式。表述方式直接关系到试题难度，关系到学生的理解。如果给学生的理解造成了障碍，无疑就变相地增加了试题的难度。实验探究题和问题探究题，就试题本身而言难度是较为适宜的，但命题者却采用了

抽象的表述方式，而且是大量地采用了抽象的表述方式，这就造成了学生理解的难度，解答起来就束手无策。比如实验探究题中的电磁铁、钩码、弹簧秤等探究的材料，命题者完全没有采取教材的"实物"表达方式，而是采取了中学阶段的抽象图示法，这就使大部分学生连题目也看不懂，就更别说正确答题了。4.对教材的处理问题。教材是国本教材，命题者应该考虑县本实际情况。哪些内容应该重点考查，哪些内容应该少一些权重，哪些内容应该提升难度，哪些内容应该降低难度，哪些内容应该重点考探究，哪些内容应该重点考基础的东西，甚至哪些内容应该恰当规避，都要心中有数，把控得当。比如问题探究题的第2小题，虽然是课本原图题，但此内容一是难得大，内容较为生僻，二是大部分学校缺乏实验器材。像这样的内容，我们一般应该教学上严格要求，但考试的时候应该有适当规避的思想。

得分情况简析——

小题得分情况表

题号	人数	平均分	得分率	满分率	零分率	难度	区分度
填空题 1-4	6700	2.98	74.4	39	2.4	0.74	0.4
填空题 5-8	6700	3.19	79.9	49.3	2.9	0.8	0.38
填空题 9-12	6700	2.6	64.9	24.2	4.2	0.65	0.44
填空题 13-15	6700	2.89	72.2	37.7	3.9	0.72	0.41
判断题 1-5	6700	4.63	92.6	71.9	0.1	0.93	0.12
判断题 6-10	6700	3.78	75.6	22.9	0.1	0.76	0.18
判断题 11-15	6700	4.14	82.9	45.5	0.3	0.83	0.26

题号	人数	平均分	得分率	满分率	零分率	难度	区分度
选择题 1-6	6700	9.61	80.1	21.6	0.1	0.8	0.15
选择题 7-12	6700	9.16	76.3	24.8	0.1	0.76	0.32
实验探究题 1	6700	4.76	59.6	7.8	4.3	0.6	0.35
实验探究题 2	6700	5.25	65.6	36.1	1.7	0.66	0.47
实验探究题 3	6700	5.94	74.2	31	3.7	0.74	0.38
问题探究题 1	6700	3.57	51	17.6	5.8	0.51	0.45
问题探究题 2	6700	2.85	40.7	0.4	8.9	0.41	0.22
问题探究题 3	6700	5.21	74.4	11.9	2.3	0.74	0.22
全县平均分 70.6　　及格率 81.9　　优秀率 26.7							

从上表可以看出，全县的平均分、及格率、优秀率基本正常。但具体分析各小题得分情况，仍然存在一些不容忽视的问题。前三种题型得分率基本正常，只是在少数小题上得分偏低。比如填空题 9—12 小题，得分率为 64.9，任课教师要具体分析得分率偏低的原因，找到自己教学的策略。这是一个方面，另一个方面，阅卷教师在掌握标准上也要进一步提高水准，做到正确阅卷，科学阅卷，灵活阅卷，不死抠所谓的标准答案。得分率整体偏低集中在两个探究大题上。虽然在阅卷时考虑到试题本身的抽象化问题而将标准适当降低，但得分率依然在正常值之外。问题探究题第 2 小题仅仅为40.7。除开试卷本身的适合度不够而外，我们也必须反思教学教研问题。这是其一。二是暴露出我们对"探究"依然存在教学肤浅的问题，我们对什么是科学，依然理解不足。我们依然没有死死抓住科学的核心，导致在教学方式方法上的学

科本质偏离。三是暴露出我们教学的呆板和深度不够。形式稍微一变，我们的学生就寸步难行，这实际上是我们教学的过度机械，要知道，科学本身就是创新，缺乏思维的灵活性和发散性是不行的。难度稍微一大，学生解决问题的能力就捉襟见肘。这实际上是我们教学缺乏应有的深度，探究缺乏应该有深度的表现。因此，提出如下教学建议。

教学建议——

1. **科学是思想。**如果我们的科学教师真正树立了科学是思想不是概念的观念，我们的整个科学教学尤其是课堂教学一定会发生很大的变化。观念永远比知识重要，我们理解了科学的本质，有了正确的理念，就不会把目标注意力完全指向知识概念，课堂的高度就会有变化，方法也会随之变化。比如有这样的一篇科学课文：书上有几幅图，一只可以上发条的玩具狗，按下发条的按钮，这狗就能动。最后一幅图的下面写着一个问题："是什么让它动起来的？"紧接着是一张真狗的图片，还是这个问题："是什么让它动起来的？"在这后面，是一张摩托车的图片和同样的问题——"是什么让它动起来的？"就这样一路问下去。这本书的教学参考给出了这样的答案："是能量让它动起来的"。能量是个很难捉摸的概念，如果想正确运用它，用能量的概念正确推导出一些东西，是很难的。这超出了本年级小学生的接受能力。教科书上的问题提得很好，但答案有缺憾，因为课文想要教给学生的是能量的定义，是一个纯粹的知识概念。这就是没有真正理解科学是什么，使我们的教学也失去了精准的指向。

2. 科学是发现和思考。我们的每一位科学教师，都必须牢固树立科学是观察、分析和思考的意识，否则，科学教育就很难是科学教育。一位老师拿玩具狗做例子，他说："它动了，是因为阳光的照射"（他知道学生会反驳）。学生说："不是的。这和阳光的照射有什么关系？它动了，是因为我给它上了发条"。"那么，你怎么有力气上这个发条呢？""我吃东西了。""你吃什么了？""我吃粮食了。""粮食是怎么生长起来的？""因为阳光的照射。"植物吸收太阳能，随后把它储存在起来。其他事物也一样，最终都和太阳有关。你看，同样是自然界的一件事情，我们的教科书上表述得那么死板，这里却讲得这么生动。我们看到的所有运动着的东西，它们之所以能够运动都是因为阳光的照射。这确实解释了一种能量可以转变为另一种能量。但是孩子也可以不接受这样的解释，他会说："我认为这不是因为阳光的照射。"然后你可以和他展开讨论。这只是一个例子，说明概念和真正教科学的区别。科学，重要的是观察发现。即便观察后不能得到最终结论，可观察得到的过程就是黄金。科学需要耐心，如果你看了，仔细观察了，确实用心了，你会得到巨大的回报。

3. 科学是质疑的精神。离开了质疑，科学不会发展，我们的科学教育也不会有质的进展。所以我们的老师必须有意识地培养学生的质疑意识、态度、习惯。在实践研究中，人们发现了一个避免错误的方法，那就是存疑。人们不确定流传下来的东西是否正确，想重新亲自验证事情的真相，不盲目相信学到的东西。而这就是科学：经过重新检验的知识才是可信的，而不是一味相信前人留下来的知识。我们在教学中就要有意识地培养学生的质疑意识，质疑精神，不唯书，不唯上，敢于挑战权威，敢于创新，这是很重要的科学品质。科学离开了怀疑，就会停滞不前。有了这种意思和态度，我们就会沿着一个问题深入研究下去，而不是简单相信书上的概念和结论。

4. 科学是"动脑做"的学问。学和习是两个概念，学的是知识，习的是体验、智慧和挫折。实验探究题和问题探究题之所以得分率低，根本原因是忽视动手实践，和实践中的真正探究。我们总是把动手实践理解得太难、太规范，其实动手实践并非难事，也不一定非要在实验室完成。此卷中的实验探究题和问题探究题都可以在教室完成，甚至也可以在室外进行，也不一定非要科学规范的实验材料，很多材料可以因陋就简。小学生的很多实验，重在弄懂原理，并非一定要特别正式的环境或条件，学校和教师解决认识问题才是关键。

宏观上，做如下策略建议。

1）观念是质量的引擎。无论是督导中心、学校还是教师，首先应该真正树立素质教育思想，坚持全面发展观念，按照教育规律办事。树立正确的教育观，质量关。始终把教育教学作为学校的中心工作，作为立德树人的根本。树立正确的学生观，以人为本，主体发展，主动发展。把课堂作为提高质量的主阵地，把课堂真正还给学生。坚信教育的价值永远在于点燃主体。我们的督导中心、学校和教师，都不缺乏工作的战术技巧，缺乏的是深入骨髓的思想观念，缺乏的是教育的格局，生命的格局。

2）反思是质量的镜子。对两年的数据进行比较分析，会看出数据的变化情况，也就是督导中心、中心校、教学点三个层面的升降情况。有的在上升，有的在下降，有的"稳得起"。去年排位比较低的督导中心，多数都有忧患意识，担心继续"拖后腿"，就采取了一些有效的提质措施。比如质量剖析，强化管理，加强考核，夯实后期指导等。要提醒的是，反思并不是"后进"者的专利，每一个督导中心、学校和教师，都应该有反思意识，忧患意识，进取意识，不进则退是一条基本的哲学规律。

3）人是质量的根本。环境条件固然重要，但并不是决定因素，起决定作用的永远是人，是人的思想，人的态度，人的胸襟，人的质量。成功的教育、优质的教育诞生于"贫瘠"的环境中的例证不胜枚举。从三个层级的数据也可以看出，环境条件、经济基础、硬件设施并不一定与教育质量成正比关系。所以，我们的督导中心和学校，切忌唯条件论，切忌讲客观理由，要多从主观找原因，从思想观念、人本原理、人格修养、与时俱进、教育科研等方面分析教育的得失、质量的高低。我想把一句我们老生常谈的、耳熟能详的、早已听得厌烦的一句话再说一遍：我们必须真心实意、千方百计地落实好非语数学科的"三开"，尤其是农村学校，尤其是一些偏远地区的学校，尤其是一些口口声声有很多"困难"的学校。

4）校长是质量的核心。一个校长，首先要明确自己肩负的责任，重大的责任，不可逆转的责任。一个老师一辈子影响几百个学生；一个校长一辈子影响几百个老师，所以教育最重要的是校长和老师。校长不但要懂教学，还要懂管理；不但要配置好校内资源，还要能协调好校外资源。校长不仅仅是教书能力，更重要的是领导力。校长要比其他人提前看到问题，而且要想办法不让问题发生。校长要看到别人没看到的，要想到别人想不到的，要说出别人不相信的，还要做出别人不敢做的。聪明的校长知道自己要什么，智慧的校长知道自己不要什么。一个优秀的校长，一定是一个优秀的领导者，一定是方向，也一定是孤独的。对于质量，我们应该知道，学校是牧场，不是养鸡场。我们的质量，一定要是正确的质量。正确的质量一定是尊重规律的，一定是把"人"放在第一位的，一定是对人性的解放，一定是为学生的终生发展和终生幸福奠基的，一定是全面贯彻党的教育方针的。说到这里，我似乎已经表达了我所理解的好的教育、好的管理、好的学校、好的师生，好的校长。一句话，也就是好的质量。各位领导，在主题教育、扶贫攻坚、均衡发展等如火如荼进行之时，我们真的要厘清思路，要不忘初心，牢记使命，真的不要走着走着就不知道自己究竟是从哪儿来，要到哪里去了。

五、巫山县 2020 年小学毕业监测科学质量分析报告

（一）科学试卷：答题失分归因

全卷共五个大题，包括填空题，判断题，选择题，实验探究题，思维展示题。所占分值分别是 11、15、15、32、27。总体看，全卷难易适宜，注重基础，有一定的灵活性。注重探究过程，淡化死记硬背。很好地做到了"用教材考而不是考教材"，对县情和学情把握准确。从合格率、优生率等数据上看，试卷科学合理，较好地考出了老师教的情况和学生学的情况，也考出了学校的管理情况和对素质教育的落实与理解情况。1. 题型全面，分值权重分配恰当。探究题占 32 分，探究题权重较大，导向目的明确。把以前的简答题类型重新设计成"思维展示题"，凸显了科学思维特质。2. 凸显探究过程。把握学科特点，全卷在"探究过程"上发力，把知识与概念形变处理，较好地反映出学生的科学素养。立足教材，但不拘泥于教材，有效顺应课程标准"用教材教而不是教教材"的理念。即便是填空或者判

断题等类型，也不再呆板，注重了发现、分析和解决问题能力的考核。命题者对科学本质的理解是准确而有高度的。3.内容"合情合理"。教材是国本教材，命题者考虑全县实际情况和学生的实际情况，对哪些内容应该重点考查，哪些内容应该少一些权重，哪些内容应该提升难度，哪些内容应该降低难度，哪些内容应该重点考探究，哪些内容应该重点考基础的东西，甚至哪些内容应该恰当回避，都做得恰到好处，把控得当。

科学得分情况简析——

题号	人数	平均分	得分率	满分率	零分率	难度	区分度
填空 1-3	6615	2.67	89.2	65.1	1.9	0.89	0.25
填空 4-5	6615	1.7	85.2	69.7	4.8	0.85	0.39
填空 6-7	6615	0.58	38.7	12.5	27.7	0.39	0.4
填空 8	6615	2.03	67.5	20.7	4.9	0.68	0.37
填空 9-10	6615	1.23	82.2	61	4.2	0.82	0.36
判断 1-5	6615	4.3	86	50.8	0.5	0.86	0.19
判断 6-10	6615	4.54	90.8	68.9	0.6	0.91	0.18
判断 11-15	6615	4.13	82.6	34.4	0.7	0.83	0.12
选择 1-4	6615	3.63	90.6	71.8	0.7	0.91	0.17
选择 5-8	6615	3.22	80.6	44.3	0.9	0.81	0.25
选择 9-11	6615	2.5	83.5	61.7	1.6	0.83	0.31
选择 12-15	6615	3.25	81.2	47.7	1	0.81	0.29
实践探究 1	6615	6.63	82.9	56.5	2.1	0.83	0.37
实践探究 2	6615	5.71	71.4	50	6.1	0.71	0.5
实践探究 3	6615	4.7	58.7	11.1	6.5	0.59	0.35
实践探究 4	6615	4.23	52.9	9.9	6	0.53	0.5
思维展示 1	6615	6.42	71.3	25.9	6.8	0.71	0.55
思维展示 2	6615	6.82	75.8	26.1	2	0.76	0.31
思维展示 3	6615	6.06	67.4	19.4	6.8	0.67	0.5

全县平均分 74.4　　及格率 85　　优生率 42.7　　良好率 68.7

从上表数据可以看出，全县平均分74.4，及格率85，优生率42.7，良好率68.7，全县整体处于正常状态。但从部分题型具体分析各小题得分情况，仍然存在一些不容忽视的问题。前三种题型得分率基本正常，只是在少数小题上得分偏低。比如填空题6—7小题，得分率为38.7。这两道小题是这样的：6.现在用天文望远镜已经观测到距离我们120亿（ ）的宇宙空间深处，但仍未看到宇宙的边缘。7.一节一号电池烂在地里，能使（ ）的土壤失去利用价值；一粒纽扣电池可以使（ ）吨水无法饮用，相当于一个人一生的饮水量。这两个小题是很基本的题，是对简单知识的记忆，属于必须掌握的基本概念。但得分率之低令人意外。这充分反映出部分教师教学的漂浮状态。任课教师要具体分析得分率偏低的具体原因，找到自己教学的策略。得分率整体偏低集中在探究题上。三个探究小题得分分别是71.4、58.7、52.9。在所有题型中得分率最低。这几个探究题应该说是比较简单的，在去年的基础上难度大幅度降低。比如第2小题：2你认为图中使用滑轮拉动重物的方法是否省力，为什么？

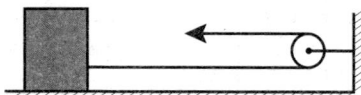

按理说，只要能够判定滑轮是定滑轮，就不难回答这个问题。也就是说，只要有定滑轮的知识概念，对定滑轮有真正理解，这道题是迎刃而解的。这说明，我们在教学时，轻视了对知识概念的理解和运用。去年有类似的一道题，但难度大多了。今年简单了，却依然是不理想的结果。这暴露出我们对什么是科学，依然理解不足，依然没有死死抓住科学的核心，导致在教学方式方法上的深度不够。我们必须清楚，科学是"动手做"的学问。实验探究题之所以得分率低，根本原因是忽视动手实践，和实践中的真正探究。我们总是把动手实践理解得太难、太规范。此卷中的实验探究题是可以在教室完成的，也可以在室外进行，也不一定非要科学规范的实验材料。小学生的很多实验，重在弄懂原理，并非一定要特别正式的环境或条件，学校和教师解决认识问题才是关键。

（二）对策与建议

1. **把改革坚持到底是提升质量的必须路径**。南峰小学坚持践行快乐教育理念，以生为本，让课堂教学绽放光彩，用"让教育快乐"的核心文化，引领学校生态发展、绿色发展。他们的教育坚持为学生的幸福人生奠基，努力探索在苦学中体验学习快乐的多元途径。他们坚信每个学生都是独立的生命个体，都是不可或缺的人才。他们不放弃任何一个学生。有这样乐此不疲的改革和这样深邃博大的老师为背景，质量会差吗？巫师附小以改革美育实践重构师生生活，把美的感受和美学精神融入校园日常，构建出"大美育课程体系"，让学生走出枯燥的学习，享受审美的课堂生活，在五育融合中创新人才培养模式，让教育走向美学境界，让生命更丰富而有意义。他们的改革，其实质是提质的内涵路径。他们也一定会在实践中找到一个点，一个实施美育的掘进点，支撑点，爆发点，燎原点。实验小学以弘扬足球文化为切入点，以让学生拥有强健的身心为素质教育的战略途径，大力实施城乡融合背景下的课程改革，积极探索课后延时服务，稳步提高正确的教育质量，使学校呈现出安静、祥和、向上的生态氛围，教育质量颇具说服力。平湖小学在短短的几年内，涌现出三个科学赛课县级第一名（还有语文等学科），两个市级科学赛课一等奖，这在我县历史上绝无仅有。而且两个市级一等奖是夫妻二人，这在全国可能也尚属首例。由此可见平湖小学的"冰山一角"，可听他们潜藏着的改革暗流。朝云小学、巫峡小学具备改革的底气，也有改革的实力，也有别人所不具备的自身特色优势，空间课程优势，学校正在登高望远，净收巫山教育风景，心无旁骛，蓄势待发。

教育理念可以相同，办学目标校校各异。每一所学校都必须坚持改革之路，不断地改，无止境地改，把改革作为学校的工作常态，生存常态，唯有这样，才能把学校办好，才能把质量提高。

2. 每一所学校都是自己教师的进修校。提高质量最终靠教师，我想，这应该是没得人怀疑的、最朴素的道理。教师素质不提高，提高质量就是一句空话，甚至是一句错话（可能得到错误的质量）。校长是教师成长的第一责任人，是把教师成长作为自己精神成长的人。教师培养是长期的事情，是短期内不能见效的事情，非急功近利者所能为。我们的学校里面，看起来一些常规的发展教师的活动也在开展，甚至在持续开展，但实话实说，我们也只是把它当成了学校的常规活动，还没有上升到一种认识的高度。一个有战略眼光的校长，一个负责任的校长，一个想走得远的校长，一个想让学校持续发展下去的校长，一定是一个致力于把自己的学校经营成自己教师进修校的校长。如何把自己的学校经营成自己教师的进修校呢？我想，**首先是要激发教师的内驱力**，要让教师想发展，想进步，获得成长的愿望。怎么做，这里面可能就有战术性的东西，也有将管理变治理的智慧在里面。**其次是抓好校本教研**。校本教研应该是学校的常青树，一刻也"黄"不得。校本教研不要应付，不能搞形式，要追求"有效"。宁可慢，不可飘；宁可只要一个点，不要一个面。校本教研要以课堂为原点，以问题为引线，不断地探索，不断地发现，不断地突破。校本教研是全部教师的事情，不是部分骨干教师的事情。我们一定要警惕校本教研对所谓老年教师的放弃现象。巫师附小在"我为附小代言"的校本教研活动中，老年教师的人生积淀被点燃，大放光彩。**再是要舍得投资**。无论教委在教师成长、教师培训方面做多少事情，都不能代替学校自己的"进修校"作用。我很钦佩在教师培养方面"大手大脚"的校长；我很钦佩在教师成长方面"面向全体"而非面向极少部分"花瓶"似的骨干教师的校长；我很钦佩学校教师整体成长了就内心感到自豪、内心就有成就感的校长……花同样的钱，可以一个人受益，可以几个人受益，也可以全校的教师受益。作为有权支配钱的人，一定要把钱的作用发挥到最大。比如，请一个全国知名的教师到学校做一场报告，上一堂示范课，这可能要花一些钱，但是，全体教师成长了，甚至被点燃了，其价值可不是这点钱可以衡量的。这比你派一个两个甚至多个教师一次两次甚至多次外出观摩学习不知要经济多少倍，而且，这种方式，还有巨大的隐形作用在里面。2010年初县教委邀请支玉恒老师来巫山上课并报告，其风采和精彩的课堂，至今在我心中玉石般熠熠生辉，照耀我前行的路。

3. 落实了"三开"的质量才是有意义的质量。"三开"教育，即指：开齐课程，开足课时，开好课堂。以下简称为"三开"。在小学阶段，"三开"落实的重要性大于天。"三开"落实了，学生才可能是一个完整的人，一个有意义的人，一个不被"埋没"的人。任何一所学校，任何一个校长，都不能以任何借口不落实"三开"，不能以任何借口假落实"三开"，更不能以任何"理由"反对"三开"。"三开"的理论性，科学性，正确性无需你我证明，执行就是了。执行有好有坏，但不执行一定是失职，一定是可以、应该、必须追究责任的。"三开"不落实，你的语数考得再好，分数再高也是无意义的，甚至是错误的，反教育的。"三开"不落实，你的语数考得越好，分数越高，有可能越错误，越反教育。以牺牲"三开"为代价的考试成绩是违背党的教育

方针的，违背教育规律、人的成长规律的，是对生命的隐性扼
杀，是血腥的。小学阶段，习惯是重要的，品德是重要的，人
格是重要的，人性是重要的，气质是重要的，素养是重要的……
一句话，成长是重要的。这就要求我们，必须，做一个正确的
管理者。

4. 坚持抓课堂的校长才是一个有意义的校长。坚持抓课堂
的校长迟早是一个优秀的校长，他的学校也迟早是一所优秀的
学校，他学校的教师也迟早是一个高素质的优秀团队。这是必
然的，不用怀疑。我知道，抓课堂是最不显山露水的事情，是
最不能让领导"看得见摸得着"的事情，是最不易见效和效益
滞后的事情，是需要板凳坐得十年冷的事情。所以，抓课堂，
是需要牺牲精神的，是需要教育情怀的，是需要良心、胸怀和
视野的。作为校长，是不是应该时常思考：我工作的重点是什
么？如果说是抓教学质量，那么实施的策略是什么？工作的"有
效性"如何体现？当我们的教学引领者与任课教师就一节课的
教学内容反复推敲、反复研读时，我们也许会想：这样的投入
与产出之比值得吗？这样的教学研究有必要吗？这样一遍遍地
听课、评课，再听课、再评课对教学质量会产生什么作用呢？
我们为什么要听课？为什么要评课？又为什么要写课？既然要
听、评、写，那么又怎样让我们的这些工作能够尽可能大地对
老师产生帮助？对于教学管理者而言，听课是本分，听课不应
仅仅停留在了解情况的层面上，还应带有其他的目的和意义。

这就好比我们要求教师一样，我们动不动就问教师："这节课你能给学生什么？"在听课中，我们也应该经常问自己："我到底能够给教师什么？教师希望在我这里得到什么？是毫无原则的鼓励吗？是没有科学根据的批评吗？我们用什么样的方式让老师得到听课后应该有的收获？用哪种方式传递这样的收获更加恰当？如何帮助教师因我们的听课，获得真正意义上的专业提高？"作为专业引领者的校长，听课，要听得出门道儿，评课，要评得出名堂；写课，要写得出水平。一所学校如果无力从各种事务活动、各种上交的材料、各种检查考核中抽身出来，不研究课堂教学，不记录教学，甚至从来不留下任何的文字经验，那么，这所学校的前景是堪忧的，质量是高不起来的。

六、巫山县 2021 年小学毕业监测科学质量分析报告

科学试卷各小题得分表

小题分析									
题号	人数	最高分	最低分	平均分	得分率	满分率	零分率	难度	区分度
填空题 1-6	5936	10	0	8.26	82.6	36.9	1.9	0.83	0.36
判断题 1-5	5936	5	0	4.38	87.5	56.9	0.4	0.88	0.23
判断题 6-10	5936	5	0	4.29	85.9	52.4	0.4	0.86	0.22
判断题 11-15	5936	5	0	4.29	85.9	51	0.4	0.86	0.2
判断题 16-20	5936	5	0	4.32	86.5	50	0.5	0.86	0.2
选择题 1-4	5936	8	0	5.78	72.3	31.6	2	0.72	0.4
选择题 5-7	5936	6	0	5.42	90.3	76.8	1.1	0.9	0.24
选择题 8-10	5936	6	0	4.48	74.6	42.1	1.8	0.75	0.36
实验题 1（1-2）	5936	6	0	5.4	90	87.7	7.6	0.9	0.25
实验题 2（1-3）	5936	6	0	5.29	88.1	72.2	1.3	0.88	0.26
实验题 3（1-4）	5936	18	9	16.87	93.7	55.6	0	0.94	0.14

小题分析									
题号	人数	最高分	最低分	平均分	得分率	满分率	零分率	难度	区分度
思维展示 1–1	5936	6	6	6	100	100	0	1	0
思维展示 1–3	5936	4	0	3.35	83.7	79.7	12.2	0.84	0.46
思维展示 2（1–2）	5936	6	2	4.8	80	69.6	0	0.8	0.41
思维展示 2（3）	5936	4	0	2.57	64.2	43	20.2	0.64	0.63

从阅卷场得到的学生答题中的"问题"主要有以下一些。读题不仔细；题意理解不清；没养成"结合实际分析问题"的习惯，回答问题粗心大意；语言表述不规范不科学；概念理解不明晰，比如对比实验、模拟实验；缺乏严谨思考的习惯；书写潦草；对图形的观察不仔细；答题态度不端正……老师们由此提出如下建议。加强答题习惯培养；加强相似知识点的区分联系；教师要强化分小组的形式让学生更好地理解对比实验等概念，通过动手动脑，学生更容易理解和记忆知识点；在教学过程中，加强对学生科学语言的训练，对逻辑思维的训练，注重书写和卷面格式；书上的知识点，不是教过就完事，要想法要学生留下印象，不忘记；培养读题审题能力；对于机械类的教学需要用身边的模型将抽象的概念具体化，如利用毛笔也橡皮等来模拟，可以让学生将这类机械理解更深入；书上的实验能做尽做，让学生多动手；对比实验应该重点讲解"只改变一个条件，探

究什么改变什么要搞清楚"；切忌死记硬背，加强操作与实践能力培养……

　　总体来看，今年的试题虽然有超标超教材和不逻辑的（20多分，阅卷作了适度处理）现象，但整体难度不大，而且主观题也基本上采取填空的答题方式，这就更加降低了难度。所以从"三个指标"上看，学生的分数较高。分数较高，这一方面是师生努力的结果，题目难度值较大（难度值越大题目越简单）也是一个方面。从各小题得分情况分析，主要问题和建议如下。

（一）思维能力和习惯的培养要落实在课堂中

　　"思维展示"的最后一小题是这样的：要提高横梁的抗弯曲能力，该怎么摆放，为什么？这是教材上的一道原题，只要平时"做"了，答题是没有问题的。但得分率仅仅为 64.2。这道题实际上就是考查一个知识点：增加厚度不增加宽度更能提高抗弯曲能力。应该说难度也不大。这反映出教学的不到位，漂浮，蜻蜓点水。只要引导学生稍加辨析，把思维的训练落实在课堂中，让课堂有思维的含量，而不仅仅是热闹，那么学生的科学素养就能得到有效的培养。

（二）观察能力与习惯的培养应得到足够的重视

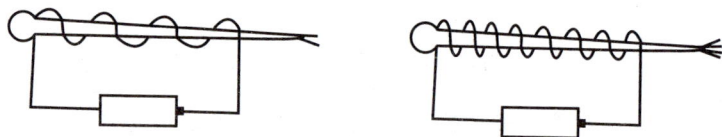

观察既包括对实物的观察，也包括对图片的观察。我们的教学极易忽视对图的观察，这对学生的成长很不利。思维展示第一题的第 3 小题：下图是研究电磁铁的磁力大小与（ ）有关的对比实验。该实验证明了（ ）。按道理讲，这道题应该是百分之百的学生都应该能答对，因为确实太直观太简单，"瞄一眼"就行了，但得分率也只有 83.7，83.7 低吗？相对于这道题，低了。只要瞄一眼，就完全看得出两个图的不同：线圈缠绕圈数不同。得出的结论就是水到渠成的了，没有难度。观察，观察，观察，科学教学，要扎实观察，千万不能停留于口头。

（三）辨析能力的培养要"教学有法"

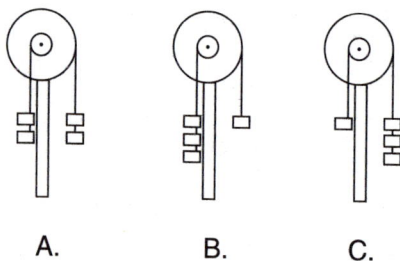

A.   B.   C.

"教什么"和"怎么教"同样重要。辨析能力的培养要让学生在实践中得出方法，比如对比分析、排出不可能等。试卷对辨析能力的考查主要采取"选择题"的形式。从得分率看，失分较多，得分率偏低。1—4 小题得分率 72.3，8—10 小题得分率 74.6。综合分析，主要是原因是教学方法上的"渗透"不够。比如：下列哪种情况可以平衡。类似于这样的题，就主要应该采取对比分析和排除法，当然要用到本课的主要知识点。经过对比、比较、排出，得出 B 可能平衡（A、C 不可能平衡，排出）。辨析能力是思维能力不可或缺的内容，应在教学中有意识地训练落实。

（四）动手探究的科学本质必须时刻抓在手里

今年的试卷最大的缺陷是无法考查学生的探究能力，因为它把实验探究题和思维展示题都客观化了，都搞成填空题了。这不仅使题目简单化，更是无法看出学生的动手探究、科学思维、创新设计等科学能力。虽然试卷看不出学生的探究能力怎么样，没有证据说明学生的探究能力的实际情况，但现实情况是，我们这方面的教学推进还有较大的空间。

附：全县三科毕业监测概况分析

全县三科概况表

	平均分	合格率	优生率	参考人数	备注
语文	79.79	91.12	18.31	5910	
数学	75.69	82.08	30.88	5910	
科学	85.79	95.96	47.29	5910	

数据分析：

从"全县概况"表看，结合试卷的难度值和区分度，数据处于正常状态……在将教研员的"裁判"和"教练"身份剥离之后，我县依然能取得这样的绝对成绩，这是全县教师努力的结果，是各位努力的结果。以前是四个评价指标，今年是三个指标。指标的减少其实是观念的变化。素质教育的走向是：指标越来越少。应试教育顽症是，指标越整越多。如果可能的话，我想下一次的指标可能减少到两个，即合格率和优生率。再下一次可能减少到一个，即合格率。那么再下一次呢，你可能会说，再下一次就没有指标了。对，"再下一次"就没有这样的指标了。指标肯定是有的，但一定不是"这样的"指标了。我想，如果这样的话，我们的小学教育会距离真正的教育越来越近，我们的师生都会有较大的解放，都才有可能成长为自己，成为最好的自己。很多时候，教育不是做得太少，而是做得太多；不是做了什么，而是没有做什么。

建议——

1. 谁在教永远是第一位的。讲台上站的是谁，谁在教永远是第一位的。教师素质、素养永远是质量的主宰。逻辑推理，我们的责任就是，如何扎实有效地提高队伍素养和专业能力。如何激发教师的内驱力，让他们想学习想进步想发展，这是最重要的。发展，最终是自己的事情，我们的职责就是把发展变成教师自己的事情。比如教研，如果他本身就不想往前走，不思进取，那么教研就是一张掩人耳目的皮，狐假虎威的皮．无论你内容怎么多元形式怎么多样，结果都还是一张皮，只不过这张皮更具有欺骗性而已。我想对管理者们说一句，人的价值不是别的，在于尽了多大的责任。所以管理者必须不断修炼自己的人格，提升自己的能力，否则，你的存在可能就是一种灾难。

2. 坚持不懈地解放思想。建议各位研究一下芬兰教育，研究一下国际 PISA 测试（阅读，科学，数学），这很能说明解放思想的重要性。从 2000 年开始国际 PISA 测试每三年一次，中国 2018 年取得第一（北京上海江苏浙江组队），之前是芬兰一直领先。但国际上一直效仿芬兰教育而对中国教育不感兴趣。原因是芬兰是"放养"（也能取得如此战绩……），而中国是应试。他们认为芬兰找到了一条不像中国的高压式的教育途径，他们说中国居然按照 PISA 的测试成绩来进行教学改革。尽管这样，芬兰教育还在不断改革，尽管他们的改革导致了 PISA 测试的下降，但他们依然还在不断给学生自由。他们认为自由是想象力和创造力的土壤。这个中小学基本不考试的国家根本不看重 PISA 的成绩，他们的目光长远，他们的教育没有功利。而我们的教育从目前的"双减"等政策实践，说明我们的教育前景是美好的。

从科学学科的答题来看，学生的思维尤其是创新思维和实践探究依然是我们应该努力的重点。要时刻提醒教师的是，我们必须小心谨慎地呵护学生与生俱来的优秀品质，努力做到不扭曲、不扼杀学生的天性。尊重生命，尊重规律。怎么解放教师，是我们的职责。怎么解放学生，是教师的职责。松树就是松树，柏树就是柏树，香樟就是香樟。我们现在的教育之所以让人焦虑，就是因为总是拿一把尺子量人，用一刀切的评价。但是松树不可能发出香樟的味道，香樟也不可能像柏树那样挺拔，像杨树那样婀娜飘逸。有教育家说过：教学是逐步减少外部控制、增加学生自我控制学习的过程。我们教研员也一样，也应该不断解放思想。不仅仅是研究某一个学科，而是用学科去研究教育。教研员的"教"应该是教育思想的意思，以学科为载体去研究教育思想。

3. **将"课堂生本"之旗扛得再高一些**。课程改革20年了，可以这么说，课程改革的终极目的就是为了实现以生为本，没有生本就没有课程改革。这一点，在我们科学课堂上体现得淋漓尽致。没有生本，就没有科学课，也就没有学生的科学素养。为什么一定要生本，举个例子，打维生素针剂不能代替吃素菜，因为吃素菜的同时人的消化等机能系统才能得到锻炼，得到发展。否则，就会退化而最终归于死亡。所以知识必须学生自己学，自己建构和处理，唯有如此，才有成长，才有成长的意义。我们评价一堂课，在实现相同的目标下，越生本的课堂就是越优秀的课堂。相反，越不生本的课堂就是越低劣的课堂。古今中外教育家的共同思想是：人本的全面和谐发展思想。当今世界各国的教学改革，也无不是以实现不断自主、不断生本为方向和目标。

4.**"再认识"管理制度**。制度的制定有个"预设"问题，与我们的观念和思维逻辑有关：你把教师看作不主动工作的人，制度就会倾向于强制和约束；你把教师看作富有创造性的主体，制度就会倾向于激励和开发。很多教育管理者习惯于管制，把严管置于激励之上，结果造就了"集体性平庸"。要教师拒绝平庸，首先是要提高制度的底线，赋予它唤醒、激励和开发的因子。有人请教李希贵校长到底怎样才能带好队伍，他诚恳地说：带队伍没什么神秘和复杂的，最要紧的就是真心实意地为老师的成长提供服务。你时时琢磨着帮他们成长，谁还会不努力工作？另外，一定要营造一种协商文化。遇事先跟老师商议。商议一次不行，就商议两次；两次不行，就商议三次；三次还不行，那你就要退回去反思：是不是这个决策有问题。一所学校什么时候山呼万岁、一呼百应，听不到不同意见了，那这所学校离垮台也就不远了。你也许会说，某某学校就是实行的强制性管理，不是发展得好好的吗？那我告诉你，这样的学校的发展是很有限的，或许也就到此为止了。

5.**阅读是教育最美好的声音**。阅读是师生的重要事情，是所有学科的事情。现在的学生除了应试，没有多少时间去阅读。素质教育的前提是学生要有大量的自由阅读时间。阅读的力量影响人的一生，阅读的水平就是认识世界的能力。例：有初三的学生考高考语文一个82分一个85分，而高三平均84.5（这两个学生有大量阅读）；一个小学三年级学生考上期语文试卷时老师发成下期语文试卷，结果考了98分，学生想我考本学期的一定会更好，结果只考了93，这说明什么？一个小学二年级学生偶然因素请病假，结果在家里读书让她感到更加快乐。这样从小学二年级一直到初中一年级一共写了100多张假条，换来的是400多部名著的阅读，因此成绩特别突出；李希贵曾经把学校常规的6节语文课改为2节，用来完成教材，其余4节将学生放到阅览室、自修楼……语文成绩在潍坊遥遥领先。

6. 几个具体建议。 从今年的统计数据所暴露出来的信息来看，必须及时提出以下几个具体建议。**1）用"学习"去引领教师群体。** 千万次的说教，不如一次身体力行。作为一个教育人，不学习就是失职，就是不道德。我们不能总是要求别人要怎么样……城区小学校长是一个学习的群体，无论工作多么繁忙，压力多么巨大，他们都能坚持学习。实事求是地说，他们是我们学习的榜样，是我们各个片区的校长集体学习的榜样。**2）把"教"的人选准。** 既然谁在教永远是第一位的，那么我们就必须把这个"教"的人选准用对，每一个老师适合教什么学科什么学段甚至适合教哪样的班级都必须谨慎对待，切忌随意。每个老师的个性、人格、能力、习惯、态度等都是不同的，每个班级也不是一样的。学校一定不能被"无关"因素干扰，哪个位置上该用什么人就用什么人。实事求是地说，有的学校，今年之所以滑得快，据我调查，根本的原因就是没用对人。在用人方面顾忌太多，最后的损失就无法弥补。3）**把"管"的人用对**。把合适的校长用在合适的地方，用错了地方的校长注定要成为一个失败的校长。校长失败了是小事，学校失败了是大事。大材（德）小用和小材（德）大用都是失败。对于一个学校来说，谁在"管"永远是第一位的。我相信大家都认可"有什么样的校长就有什么样的学校"的观点。校长的学识、人品、能力、视野等的不同，就注定我们必须杜绝任用校长的随意性。对校长任用有建议或者决定权的人，在把某人派遣到某校作为一校之长之前，一定要真实地调查研究，减少"考查"的形式主义成分。尤其是对于一些大型的学校，校长用得不准甚至用错了，其损失就尤其惨重，无法挽回。4）**对常规教研的重视程度急需再上台阶**。提质的最终途径是提高课堂质量，在无法改变其他因素的前提下，提高课堂质量的最佳途径是提升常规教研的质量。常规教研我们一直在抓，但至今依然存在形式主义和浮浅化现象。无论是个人的或者是集体的常规教研，其形式都是多元的，内容都是多样的。但无论怎样，我们对课堂的研究应该永不停歇。什么时候停歇，质量就一定在什么时候开始滑坡。所以我们，以及我们的教师，都应该不断地研究课堂，不断地丰富课堂的内涵，使之不断地得到优化，不断地提升"质量"。课堂质量的提升，其实质也就是教学质量的提升。所以管理者的职责就是，不断地思考和实践一个课题：怎样才能使教师对课堂的研究成为一种习惯。

主要参考文献

1. 张红霞著：《科学究竟是什么》，教育科学出版社，2003 年 12 月。

2. 美国科学促进会著，中国科学促进会译：《面向全体美国人的科学》，科学普及出版社，2001 年 4 月。

3. 江美华著：《从探究能力到核心素养》，中国轻工业出版社，2019 年 4 月。

4. 朱慕菊主编：《走进新课程》，北京师范大学出版社，2002 年。

5. 孙宏安编著：《小学科学新课程教学法》，开明出版社，2004 年 11 月。

6. 江美华著：《和科学课一起走过的日子》，语文出版社，2011 年 2 月。

7. 陈华彬编著：《小学科学教育概论》，高等教育出版社，2004 年 10 月。

8. 郁波主编：《小学科学新课程案例与评析》，高等教育出版社，2003 年

9.陈旭远主编:《中小学教师视野中的基础教育课程改革》,东北师范大学出版社,2003年。

10.钟启泉、崔永漷、张华主编:《<基础教育课程改革纲要(试行)>解读》,华东师大出版社,2001年。

11.刘诗海:《当前实验教学应关注的几个问题》《人民教育》2008(3—4)。

12.张军霞:《别让孩子错过科学教育的"关键期"》《科学课》2008(4)。

13.曾宝俊:《观察,在细节的挖掘中层层深入》《科学课》2008(1)。

14.刘业俭:《科学课的语言要科学》《基础教育课程》2007(10)。

15.冯艳:《复杂性科学视野中的教学目标》,中国优秀硕士学位论文全文数据库,2008年1月。

16.蔡祖英:《小学课堂教学交往研究》,中国优秀硕士学位论文全文数据库,2008年1月。

17.中华人民共和国教育部制定:《义务教育小学科学课程标准》,北京师范大学出版社,2017年3月。

18.郁波主编:《科学》(3—6年级),教育科学出版社,2001年。

19.郁波主编:《科学》(1—4年级),教育科学出版社,2017年6月—2020年7月。